KB115644

영어회화의 신

IMAGE MAKING ENGLISH

이미지 메이킹 잉글리시 Q

전치사 2

영어회화의 신 이미지 메이킹 잉글리시 Q - 전치사 II

발행일 2016년 9월 30일

지은이 김 명 기
펴낸이 손 형 국
펴낸곳 (주)북랩
편집인 선일영
편집 이종무, 권유선, 김예지
디자인 이현수, 이정아, 김민하, 한수희
제작 박기성, 황동현, 구성우
마케팅 김회란, 박진관, 오선아
출판등록 2004. 12. 1(제2012-000051호)
주소 서울시 금천구 가산디지털 1로 168, 우림라이온스밸리 B동 B113, 114호
홈페이지 www.book.co.kr
전화번호 (02)2026-5777
팩스 (02)2026-5747

ISBN 979-11-5987-170-2 04740(종이책)
979-11-5987-171-9 05740(전자책)
979-11-5987-167-2 04740(세트)

원어민과 영어고수들이 인정하는 과학적 학습법의 비밀

막강한 영어 질문으로
회화 능력을 업그레이드한다!

영어회화의 신

IMAGE MAKING ENGLISH

이미지 메이킹 잉글리시 Q

전치사 2

김명기 지음

북랩 book Lab

이 책의 수익금 일부는 여러분들이 무료로 사용하실 수 있는
국내 최대 영어 문장 사전 어플 '센딕(SENDIC)'의
지속적인 문장 데이터와 기능 업그레이드에 사용됩니다.

머리말

이미지 메이킹이란 뇌 속에 특정 언어체계가 자리 잡은 사람(성인)이 외국어를 공부할 때, 모국어에 의한 1차적 판단이나 해석의 개입을 차단하기 위해 모국어 해석 대신 그림이나 머릿속에 그려지는 동영상을 이용해 외국어를 학습하는 방법이다. 즉, 우리 모국어(한글) 해석을 최대한 사용하지 않고 오로지 영어와 그림만으로 영어를 학습하는 것을 말한다. 외국어를 잘하는 사람들 대부분은 자신도 모르게 이러한 이미지 메이킹 학습법을 이용했다고 할 수 있다. 이 방법은 영어뿐만 아니라 다른 외국어를 학습할 때도 굉장히 유용한 방식이며, 어쩌면 외국어를 학습하는 최고의 효과를 가진 방법이라고 할 수 있을 것이다.

고도로 치밀하게 계획된 이미지 메이킹용 학습자료

이 책에 실린 이미지 메이킹용 학습 자료들은 단순해 보이지만 해석 없이 영어를 이해할 수 있도록 고도로 치밀하게 고안된 것들이다. 기존의 어떤 그림 자료와 비교해도 이처럼 치밀하게 계획된 그림 자료를 볼 수 없을 정도로 짜임새가 탄탄한 그림 자료들이다. 이런 자료를 통해 영어를 이미지화함으로써 해석을 하던 기존의 잘못된 습관을 없앨 수 있다. 한글의 간섭 없이 영어를 공부하는 방법과 이론에 대해서는 이미 시리즈 1권에서 다루었으므로 이 책을 통해서 영어 학습을 하기 전에 반드시 '이미지 메이킹 잉글리시 Q - 이론편'을 읽고 숙지해 주기 바란다.

영어회화의 핵심 '질문' - 모든 문장의 상황에 막강한 질문 추가

전치사 1, 2편에 있는 1,400여 문장에는 상황에 따른 질문이 모두 들어가 있다. 영어로 대화를 하는 데 있어서 답변보다는 질문이 훨씬 더 유용하게 사용된다. 하지만 각 상황마다 적절한 영어 질문을 찾기란 상당히 어렵다. 이 책은 세계 최고 수준의 다양한 영어 질문을 가지고 있으며 학습자는 표제어뿐만 아니라 각 상황을 물어보는 질문을 통해 막강한 영어회화 실력을 갖출 수 있도록 구성 되어 있다.

전치사로 영어의 흐름 잡기

이미지 메이킹을 시작하는 훈련서로 전치사를 먼저 선택한 이유는 전치사의 역할이 매우 중요한데도 대부분의 사람들이 제대로 사용할 줄 모르기 때문이다. 전치사를 한마디로 표현하면, 우리의 조직과 뼈를 연결하는 힘줄과도 같다고 할 수 있다. 동작이 이루어지는 원리를 알기 위해서는 근육과 힘줄이 어떻게 뼈를 움직이는지를 잘 알아야 한다. 이렇듯, 영어문장 안에서도 그 문장이 어떻게 구성되고, 힘줄과도 같은 전치사들이 문장 안에서 단어들과 연결되어 그것들을 어떻게 움직이는지, 어떤 의미를 가지게 되는지를 알기 위한 전무후무한 최고의 학습서라고 할 수 있다.

전치사는 다양한 해석을 알고 있다고 해서 해결되지 않는다

전치사의 원리를 제대로 파악하려면 해석만으로는 어렵다. 지금까지 해석을 통해 전치사를 알아왔기 때문에 전치사를 제대로 사용하지 못하는 늪에 빠지게 된 것이다. 한 전치사가 가지고 있는 여러 가지 의미만을 알고 있다고 가정해 보자. 문장 안에서 그 전치사를 봤을 때 그 전치사가 어떤 의미로 사용이 되었는지를 자신이 알고 있는 해석들 속에서 열심히 찾으려고 할 것이다. 시간이 넉넉하다면 뜻을 하나하나 대입해 가면서 가장 잘 어울리는 해석으로 맞추어 볼 수도 있을 것이다. 하지만 영어를 듣고 말하는 상황에서는 그럴 시간이 없다. 그래서 해석으로 전치사를 대하면, 그 이상을 알지 못하게 되며 전치사를 제대로 사용하는 것은 더 불가능하게 된다.

단어는 단어일 뿐이지 스스로 문장으로 발전하지 못한다. 단어를 문장으로 발전시키는 것은 바로 문장에 대한 폭넓은 경험이다. 이 책의 자료를 통해서 우리는 전치사가 가진 다양한 의미들과 그 속에서 미묘하게 변화해가는 전치사의 쓰임을 한 눈에 살펴 볼 수 있게 된다.

15년 동안 수많은 학습자들에게 검증받은 변함없는 최고의 학습법, 학습자들의 감탄을 자아내는 이미지 자료들

'이미지 메이킹 잉글리시'라는 이름으로 책이 나온 지 15년이 지났다. 처음 나왔을 때 '베스트셀러'가 되었고, 일본을 비롯해 5개국으로 러브콜을 받아 해외 출판되었다. 그 이후로도 '스테디셀러'를 하면서 많은 영어 학습자들의 사랑을 받아 왔다.

'이미지 메이킹 잉글리시'에 사용되는 그림 자료들은 학습자들에게 '그림의 구성이 너무 치밀하게 계획된 것을 느낄 때마다 소름이 끼칠 정도'라는 극찬을 받아 왔다. 원어민과 유학파들에게 오히려 더 많이 인정을 받은 학습법, 영어를 가르치는 사람들에게 더 인기가 있었던 학습법이 이번에 다시 새로운 모습으로 나오게 되었다.

이 책을 시작하려는 학습자들에게…

어떤 사람들은 이 자료들이 다루고 있는 문장들이 너무 쉽다고 말한다. 초등학생이나 볼만한 책이라고 말하는 사람들도 있다. 하지만 그들에게 그림을 보여 주고 그 상황을 표현해 보라고 하면 대부분 그 쉬운 문장 하나도 제대로 말하지 못한다. 봐서 쉽게 이해할 수 있다고 해서 내가 아는 것이 아니다.

내가 안다고 한다면 적어도 내가 그 문장을 보지 않고 온전히 모든 단어를 구성해 말할 수 있어야 한다. 아무리 문장이 쉬워 보여도 내가 그 문장을 필요한 상황에서 표현할 수 없다면 그 문장을 안다고 할 수 없는 것이다. 그런데 사람들은 내가 보고 이해할 수 있으면 그것을 알고 있다고 잘못 생각한다.

이렇듯 적지 않은 사람들이 기본적인 쉬운 문장도 모른 채 고급스러운 문장만 익히려고 한다. 산수를 하지 않고서는 미적분을 풀 수 없듯이 고급스러운 문장을 구사하기 위해서는 그보다 기본이 되는 더 쉬운 문장들을 익혀야 한다. '이미지 메이킹 잉글리시 Q' 그림 자료를 통해 공부하는 대부분의 사람들이 이 책에서 익혀지는 기본 문장으로 길러지는 자신의 문장력과 영어의 발전에 놀라워한다. 그 이유는 간단하다. 아무리 어려운 문장도 그 구조를 잘 살펴보면, 여러 개의 쉬운 기본 문장들이 합쳐진 형태이기 때문이다.

'이미지 메이킹 잉글리시'는 절대로 단순 암기로 하는 것이 아니다. 연극 준비할 때 대본을 달달 외우기만 하는 것이 아닌 것처럼, '이미지 메이킹 잉글리시 Q'도 상황을 머릿속에 반복적으로 떠올려가면서 이미지와 영어 문장에 익숙해져야 한다. 그리고 한 번씩 반복할 때마다 실제로 말하듯이

입으로 발음해 보는 것이 정말로 중요하다. 그래서 '이미지 메이킹 잉글리시 Q' 학습법에서는 영어 발음 교정이 필수다.(영어 발음 교정은 '영어 발음의 신(新)' 책을 참고)

전치사 1, 2편에서 다루고 있는 문장은 약 1,400여 문장 정도다. 하지만 이 문장들이 파생적으로 만들어낼 수 있는 문장의 가능성은 몇만 문장 이상이 될 것이다. 영어를 잘하는 방법은 기본 문장의 쓰임을 폭넓게 완성하는 것이다. 영어를 잘하게 될수록 기본 문장의 중요성에 대해서 더 절실하게 느끼게 될 것이다.

2016년 9월

김명기

2016. 9. 3
Be on top with IMEQ
김명기

특징 1 통문장이 아닌 문장을 이미지 단위(청크 단위)로 잘라서 학습

We go / on a picnic / in spring.

모든 영어 문장은 '이미지 단위' 즉 청크(chunk, 덩어리) 단위로 끊어서 학습한다. 우리가 영어를 사용할 때 전치사가 특히 어려운 이유는 단 한 가지다. 전치사와 연결되는 단어들을 따로 떨어뜨려서 받아들이기 때문이다. 예를 들어 'in the river'를 한 단어처럼(이미지 단위로) 받아들이면 오류가 없어진다. 그러나 우리는 대부분 'in / the / river = 전치사 / 정관사 / 명사' 이렇게 각각의 문법적인 요소로 나눠서 외우듯이 받아들이기 때문에 이 말을 다시 순서대로 조합하는 과정에서 오류가 생긴다. 처음부터 'in the river, in spring, on a picnic, we go' 등은 각각 하나의 단어처럼 익히는 것이 영어 문장력을 늘리는 데 가장 효과적이다.

특징 2 해석을 사용하지 않고 느낌과 이미지로 영어표현을 받아들임

문장의 정확한 이해를 돕는 치밀하게 계획된 이미지 그림 자료들

이 책에는 영어 문장 아래에 해석이 없다. (다만, 해석이 꼭 필요한 분들을 위해서 책의 맨 뒤에 해석을 볼 수 있도록 구성해 놓았다. 학습효과를 위해서는 해석은 가급적 보지 않는 것이 좋다) 그 대신 정밀하게 제작된 그림이 각각의 이미지 단위를 설명한다. 우리가 정확한 영어를 구사하지 못하고 자꾸 콩글리시를 만들어 내는 가장 큰 이유 중 하나가 '모국어에 의한 간섭' 현상 때문이다. 영어를 배울 때 우리나라 말로 해석하고, 우리나라 말에서 다시 영어로 변환하는 과정을 거치면서 영어에는 없는 이상한 표현을 만들어 내는 오류가 생긴다.

이 책에서는 이러한 모국어에 의한 간섭 현상을 최대한 없애기 위해서 해석을 사용하지 않고 우리가 한글을 처음 배울 때처럼 이미지를 이용해서 영어 문장의 각 부분을 정확히 설명했다.

특징 3 모든 문장에 최적화된 질문이 있고 각 상황의 질문에 답해 보면서 회화의 힘을 기른다

Q. Where do you put the blanket?

각 문장마다 그에 맞는 질문이 있어서 다양한 질문을 묻고 답하는 회화 연습을 할 수 있다.

이 책에 들어 있는 모든 상황의 문장들은 그에 맞는 질문이 하나씩 준비되어 있어 모든 문장에서 질문과 대화를 형성할 수 있는 능력을 자연스럽게 기르도록 구성되어 있다. 대화에 강해지려면 답변보다는 질문에 더 강해야 하는데 이 책에서 제시하는 타의 추종을 불허하는 다양한 질문들은 학습자들의 영어회화 능력을 기하급수적으로 업그레이드시킬 것이다.

특징 4 각 전치사마다 '전치사 미리보기 Tips'가 있어 전치사의 쓰임을 미리 숙지하고 더 익숙하게 학습할 수 있도록 구성

[사물, 사람 사이의 관계]를 나타내는 전치사 to
(a) I [부속, 관련, 관계] ~의, ~에(대한)

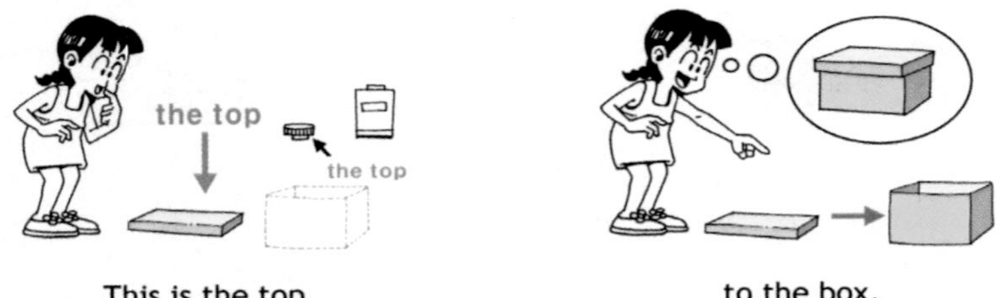

Tips! the top of the box 라고 할 수도 있지만 to 가 가지고 있는 관계의 의미를 활용해서 the top to the box 로 표현할 수 있다.

예시) This is the top to the bottle. She is mother to the bride. This is a key to the house. I get married to him.

전치사의 쓰임을 미리 간단히 정리해 보는 '전치사 미리보기 *Tips!*'

본격적으로 전치사를 익히기 전에 '전치사 미리보기 Tips'에서 해당 전치사의 다양한 의미와 쓰임에 대해 미리 정리할 수 있다. 각각의 문장들에서 전치사가 어떤 의미와 용법으로 사용 되었는지를 쉽게 알 수 있도록 일목요연하게 정리해 놓았다. 미리 각 전치사의 개념을 잡고 들어가니 그림 자료들을 이해하는 데 훨씬 더 편하고 효과적이다.

특징 5 유사표현(similar), 반대표현(opposite), 일반적인 표현(common), 더 많이 사용하는 표현(more common), 덜 사용하는 표현(less common) 등이 세밀하게 분류

표현력을 풍부하게 해 주는 'similar, opposite, common, more common, less common'은 유용하고 다양한 문장을 제시하는 것뿐만 아니라 그 문장과 비슷한 의미한 문장과 반대의 의미를 가진 문장을 넣어서 훨씬 더 많은 표현을 익힐 수 있도록 구성했다. 거기에다 어떤 문장이 더 많이 사용 되고(more common) 덜 사용되는지를(less common) 세밀하게 표시해서 원어민이 더 많이 자주 사용하는 표현을 한 눈에 알아 참고할 수 있도록 구성했다.

특징 6 설명이 필요한 부분에 'Tips' 적용

'*Tips!*'의 설명을 통해 우리나라 사람들이 이해하기 어려운 영어 표현이나 문화적인 차이를 설명하고 그림으로만 이해하기 어렵거나 혼동하기 쉬운 영어 표현들을 간단한 설명 'Tips'으로 추가해 더 명확하게 이해할 수 있도록 구성했다.

특징 7 질문 문장과 표제 문장 모두 원어민 음성 제공

MP3 파일 유형

1. 질문만 이어지는 음성파일
2. 질문과 IME 문장이 번갈아 나오는 음성파일
3. IME 문장만 나오는 음성파일

세 가지 버전의 MP3. 파일을 저자의 홈페이지(sendic.net) 필수자료실에서 무료로 다운받을 수 있다. 이미지를 보며 문장을 이해하고 음원을 들으면서 정확한 발음을 확인하고, 소리 내어 말해 본다. 거꾸로 원어민 질문 음성을 들으면서 상황을 연상하면서 대답해 볼 수 있어 뛰어난 학습 효과를 올릴 수 있도록 했다.

특징 8 일정한 난이도가 유지 되는 기본 문장으로 최고의 문장력을 기른다

이 책은 처음부터 끝까지 문장의 난이도가 쉽게 유지되지만 문장을 익혀 가면서 학습자의 영어 실력은 기하급수적으로 발전하도록 구성되어 있다. 대부분의 회화 책들을 보면 처음에는 쉽지만 중간 이상 지나면 바로 어려워지고 문장들도 상당히 많이 길어진다. 이렇게 되면 책의 내용을 다 마치는 것도 어렵고 문장력을 효과적으로 꾸준히 습득하는 것도 어렵다.
처음부터 끝까지 문장이 쉬운 난이도를 유지하지만 그것을 토대로 해서 고급문장까지 제대로 형성할 수 있는 능력을 기를 수 있도록 구성되어 있는 것이 특징이다.

특징 9 '이미지 메이킹 잉글리시' 영어회화 훈련(플래시)

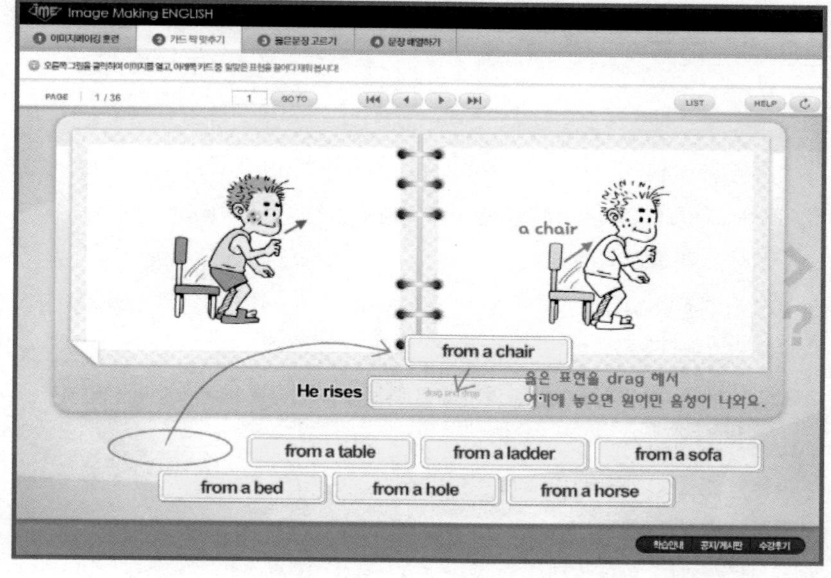

저자의 사이트인 'SENDIC.NET'에서는 플래시를 이용해 IME 전치사 훈련 자료(유료)를 4가지 방식의 유형으로 더욱 재미있고 실용적으로 학습하도록 구성되어 있는 자료를 만나 볼 수 있다.

1. '전치사 미리보기 Tips'를 통해서 전치사가 어떤 의미로 사용되는지 먼저 간단히 숙지한다.
2. 그림을 보고 그림이 어떤 상황을 나타내는지 파악한다.
3. 그림과 그 그림에 연결된 영어표현을 보면서 좀 더 정확한 의미를 형성한다.
4. 각 상황에 제시된 질문을 참고하면서 각 상황을 질문하는 방법을 익힌다.
5. 스스로 질문해 보고 제시된 문장으로 대답해 보면서 대화해 본다.
6. 'Similar, Opposite' 문장이 있으면 비교하면서 좀 더 많이 사용되는 문장을 위주로 바꿔서 연습해 본다.
7. 문장 전체를 다 외우려고 하지 말고, 문장의 각 잘라진 이미지 단위 표현들을 중심으로 그림과 매칭하면서 반복적으로 연습한다.
8. 그림을 보고 나서 영어 표현을 익히고 그 다음에는 반대로 영어 표현을 보면서 이미지를 떠 올리는 연습을 해 본다.
9. 충분한 학습이 이루어지면 원어민의 질문 음성을 들으면서 책을 참고해 각각의 상황마다 적절한 답변을 하는 연습을 하도록 한다.
10. 질문과 대답이 입을 통해서 자연스럽게 나올 수 있도록 꾸준히 반복해서 연습하도록 한다. 잘 알고 있는 것과 입을 통해서 바로 나올 수 있는 것은 다르기 때문에 언제라도 입에서 바로 나올 수 있도록 많이 반복해서 각 영어 문장이 익숙해지도록 실제 소리를 내어 읽어 보도록 한다.

CONTENTS

10. Below

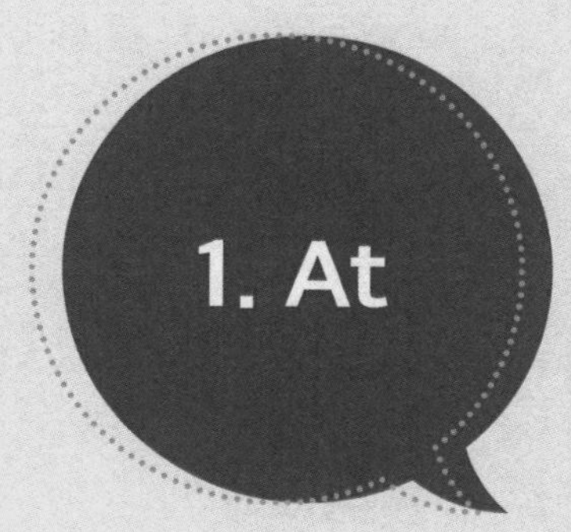

01 Preview tips – at

1. 공간적 의미(한 지점)를 나타내는 전치사 at
2. 시간적 의미(지정된 한 시점)를 나타내는 전치사 at
3. 소속(활동, 직업)을 나타내는 전치사 at
4. 분야(영역)를 나타내는 전치사 at
5. 상태(상황)를 나타내는 전치사 at
6. 도수(비례, 수량, 값)를 나타내는 전치사 at
7. 원인(이유)을 나타내는 전치사 at

02 Practice – at

01 Preview tips – at

1) 공간적 의미(한 지점)를 나타내는 전치사 at

ⓐ [방향, 목표, 목적] ~을 (향해)

예시 I look up at him. I look at the moon. I look across the table at my girlfriend. I throw a ball at her. I aim at a target with a gun. He laughs at my idea.

ⓑ [한 지점을 나타내어] ~에, ~에서

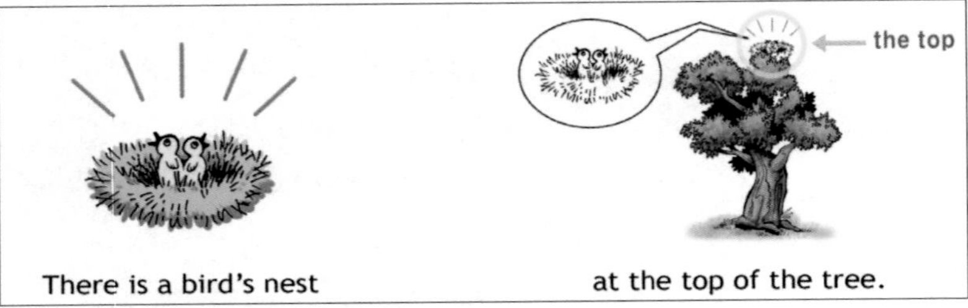

the top
There is a bird's nest
at the top of the tree.

예시 There is a hole at the center. He is at the center of town. He is at the front of the line. He is at my back.

2) 시간적 의미(지정된 한 시점)를 나타내는 전치사 at

ⓐ [때의 한 점, 시각, 시절] ~에

School begins

at 9.

예시 Let's meet at noon. Let's meet at sunset. Let's meet at the beginning of the month. I become an adult at the age of 20.

시간을 표현하는 전치사의 쓰임

At 지정된 한 시점을 나타냄

ex) at 9(9시 정각에), at noon(정오에)

In 일정기간을 나타냄

ex) in May(5월에), in 2012(2012년에)

On 특정일 및 시간대를 나타냄

ex) on my birthday(내 생일에), on Christmas day(크리스마스에), on the morning of March(3월의 아침에)

3) 소속(활동, 직업)을 나타내는 전치사 at

ⓐ [소속, 직업] ~에 소속된

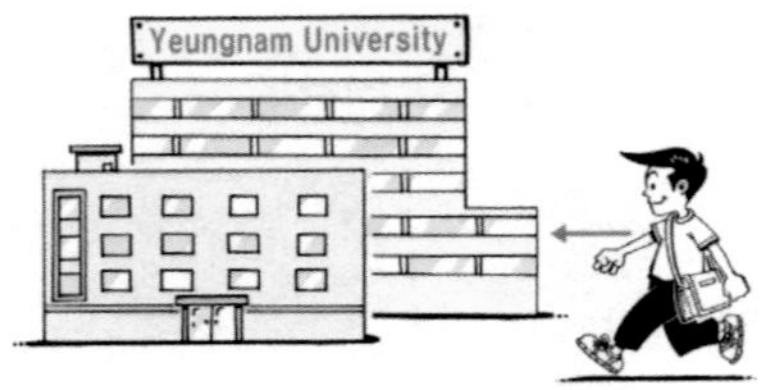

He is a student at Yeungnam University.

예시 He is a teacher at a school.

ⓑ [활동] ~중인

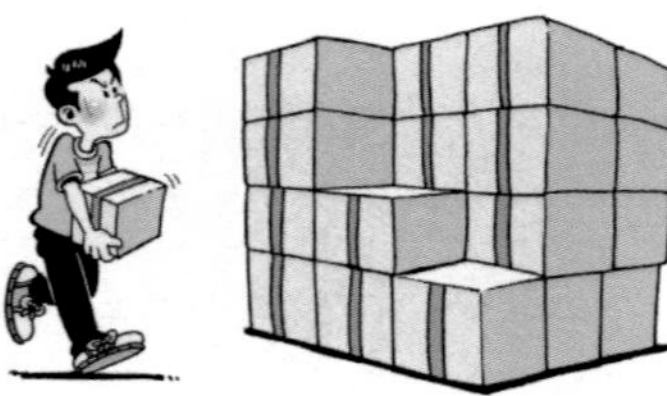

He is at work.

예시 She is at mess. They are at play. He is at breakfast. He is at the table. They are at war. He is at church.

4) 분야(영역)를 나타내는 전치사 at

ⓐ [능력, 성질의 대상] ~의 점에서

He is good

at swimming.

예시 He is good at swimming. He is poor at swimming. I'm an expert at chess. He is quick at learning English.

5) 상태(상황)를 나타내는 전치사 at

ⓐ ~한 상태로

The ship is

at anchor.

예시 The ship is at sea. I stand at attention. I stand at ease. They are at odds.

6) 도수(비례, 수량, 값)를 나타내는 전치사 at

ⓐ [각도, 온도, 시속] ~로

The ball bounces off

at 45 degrees.

여기서 'at'은 각도를 표현하는 용도로 사용되었고, 'at 100 degrees Celsius'처럼 온도를 나타내거나 'at 70 miles an hour'처럼 속도를 나타낼 때도 쓰일 수 있다.

예시 He is running at full speed. The car is running at 70 miles an hour. Water boils at 100 degrees Celsius. I buy the fruit at a discount. He sells fruits at a low price.

ⓑ [수량, 가격] ~으로

I buy the fruit

at a discount.

예시 He sells fruits at a low(good) price. I buy(sell) at 20 dollars.

7) 원인(이유)을 나타내는 전치사 at

ⓐ [감정의 원인] ~을 보고, ~에

She is surprised

at my ignorance.

예시 She is angry at me. She rejoices at the news. I blush at my mistake. I am terrified at the sight of the car accident.

02 Practice – at

1. Where do you look?

I look **at the point.**

Similar I take a look at the point. / I have a look at the point.

Tips! 그냥 'look at the point'라고 표현하는 것보다는 'have a look at the point, take a look at the point'라고 표현하면 한번 슬쩍 보는 이미지를 내포하고 있습니다.

2. Who do you look at?

I look **at the girl.**

Similar I take a look at the girl. / I have a look at the girl.

3. What do you look at in the sky?

I look **at the moon.**

Similar I look up at the moon.(common) / I take a look at the moon. / I have a look at the moon.

4. Who do you look at across the table?

I look across the table at my girlfriend.

5. Who do you look up at?

I look up at him.

Similar I lift my eyes and look at him.

Tips! 반대말로 'I look down at him.'이라고 생각할 수 있지만 일반적으로 look down at + 사람, 사물이 되면 얕잡아 보거나 저평가의 의미로 사용되는 경우가 더 많고 장소, 경치가 나오면 내려다보다는 본래의 의미가 형성됩니다.

6. Who do you look down at?

I look down at her.

Tips! 여기서는 내려다본다는 본래의 의미로 사용이 되었지만 보통 상황에 따라서 '낮춰보거나 얕잡아 본다'는 의미로 사용되기 쉽기 때문에 오해의 여지가 없도록 사용해야 합니다.

7. Who do you gaze at?(Who do you stare at?)

I gaze **at her.**

Similar I stare at her.(common) / I gaze into her face.

---

8. What do you gaze at?

I gaze **at the screen.**

Similar I stare at the screen.(common) / I look at the screen.

---

9. Who do you glance at?

I glance **at her.**

Similar I cast a glance at her. / I take a glance at her.

Tips! 'I steal a glance at her'라고 하면 모르게 슬쩍 훔쳐보는 것을 의미하게 됩니다.

10. When does he wake her up?

He wakes her up at 7.

Tips! 흔들어 깨우는 상황이라면 'He shakes her sister to wake her up at 7'이라고 하면 되고, 'He shakes her out of her sleep'이라고 하면 됩니다. 둘 다 많이 사용하는 표현입니다.

11. What's at the top of the tree?

There is a bird's nest at the top of the tree.

Similar There is a bird's nest on top of the tree. / There is a bird's nest in the tree.

12. Where is the hole?

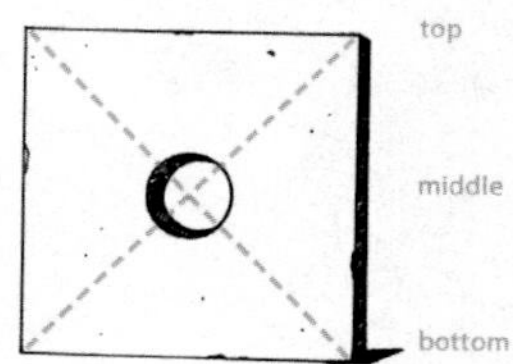

There's a hole at the center.

Similar There's a hole in the center of it.
opposite There's a hole on the top of it. / There's a hole on the bottom of it.

13. Where is he in town?

He is **at the center of town.**

Similar He is in the center of town.(common) / He is in the hub of town. / He is at the central area of town.

---

14. Where are you at?

We are **at the foot of the hill.**

Similar We are at the bottom of the hill.(more common)
Opposite We are on top of the hill.(more common) / We are on the top of the hill.

---

15. Where is an open door?

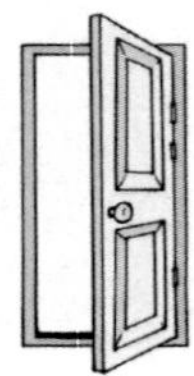

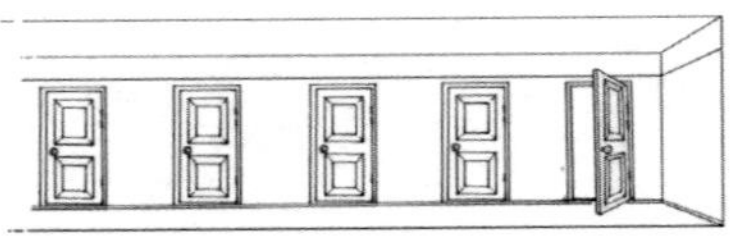

There is an open door **at the end of the hallway.**

Similar There is an opened door at the end of the hallway.(less common)

16. Where is he in the line?

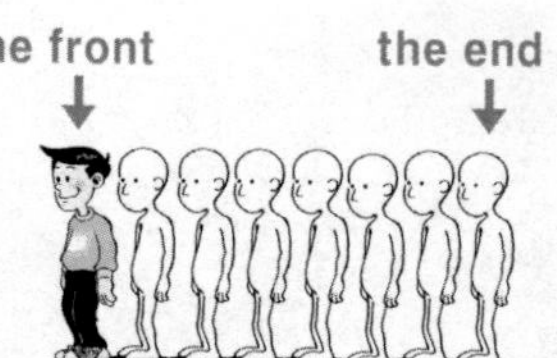

He is **at the front of the line.**

Opposite He is at the end of the line.

Tips! 가운데 있다고 표현할 때는 'He is in the middle of the line'이라고 합니다.

---

17. Where is he in the line?

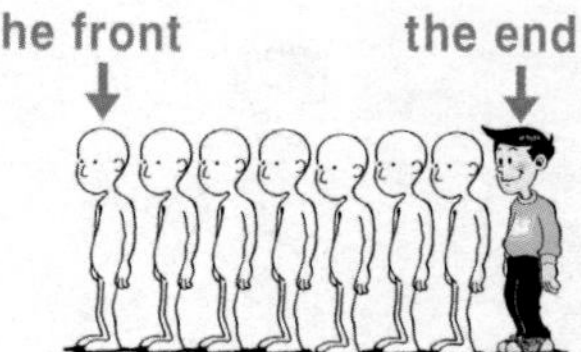

He is **at the end of the line.**

Opposite He is at the front of the line.

Tips! 'at the front of the line'은 한 줄 안에서 앞 위치를 말하는 것이고 'at the front line'이라고 하면 여러 줄 중에서 맨 첫 줄이라는 것을 의미하는 것을 잘 알아 두세요.

---

18. How far is he from me?

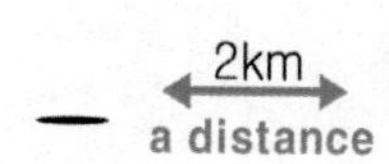

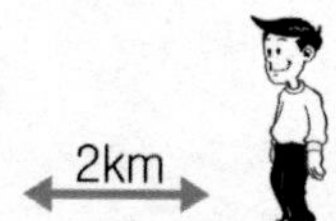

He is **at a distance of 2 kilometers** **from me.**

Similar He is at a distance of 2 kilometers away from me.

19. Where do you see her?

I see her **at the party.**

Similar I meet her at the party.
Opposite I never see her.

20. Where do you see her?

I see her **at the office.**

Similar I meet her at the office.
Opposite I never see her.

21. Where is he?

He is **at my back.**

Similar He is behind me.(more common) / He stands behind me.

22. Where is he?

He is **at my heels.**

Similar He is right behind me.(more common) / He stands right behind me.

Tips! 'at my back'과 'at my heels'는 느낌상 다소 차이가 있습니다. 내 뒤라는 것을 나타내는 것은 같지만 좀 더 바짝 붙어 있는 경우에는 'at my heels'를 사용합니다.

23. Where is he?

He is **at my side.**

Similar He is by my side. / He stands by me.

24. Where is she sitting?

She is sitting **at the window.**

Similar She is sitting by the window.

25. Where do you stand?

I stand **at the door.**

Similar I stand by the door.
Opposite I sit at the door.

26. Where do you meet her?

I meet her **at the meeting.**

Similar I see her at the meeting.

27. Where do you buy a book?

I buy a book **at the bookstore.**

Similar I purchase a book at the bookstore.
Tips! 책을 싸게 샀다고 할 때는 'buy a book at a discount'라고 하면 되고 중고 책을 샀을 때는 'buy a book at secondhand'라고 표현하거나 'buy a secondhand book'이라고 하는 거 알아 두세요.

28. Where are we at?

We are at seaside.

Similar We are on the beach.(common) / We are by the sea. / We are at the seaside.(less common)

29. Where is your house?

My house is at 33 Jongro.

Similar My house is located at 33 Jongro.

30. What does he do?

He is a teacher at a school.

Similar He is a schoolteacher.(common)

31. Where is he a student at?

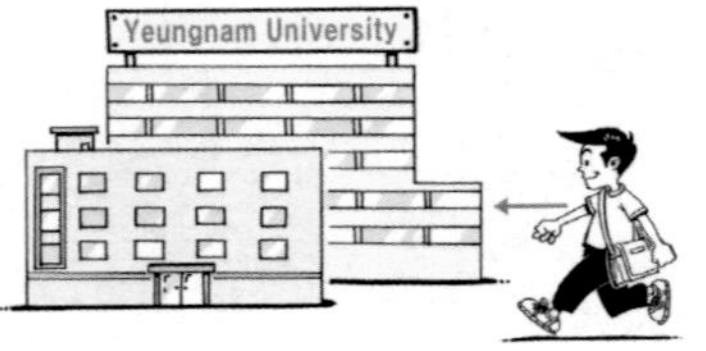

He is a student at Yeungnam University.

32. Where do you open your book at(to)?

I open my book at page 111.
(one eleven / a hundred eleven).

Similar I open my book to page 111.(more common)
Tips! '111'은 'a hundred eleven'이나 'one hundred eleven'으로 모두 읽을 수 있습니다.

33. When should we meet?

Let's meet at sunset.

Similar Let's meet at sundown.
Opposite Let's meet at sunrise.(more common) / Let's meet at sunup.

34. When should we meet?

Let's meet **at sunrise.**

Similar Let's meet at sunup.
Opposite Let's meet at sunset. / Let's meet at sundown.

35. When should we meet this month?

Let's meet **at the beginning of the month.**

Similar Let's meet at the start of the month.
Opposite Let's meet at the end of the month.

36. When should we meet this month?

Let's meet **at the end of the month.**

Opposite Let's meet at the beginning of the month.(more common) / Let's meet at the start of the month.

37. What time should we meet?

Let's meet **at noon.**

Similar Let's meet at midday. / Let's meet at 12 o'clock.(normal) / Let's meet at 12 in the afternoon.

38. When does school begin?

School begins **at 9.**

Similar School starts at 9.
Opposite School closes at 5.

39. Where does the thermometer stand at?

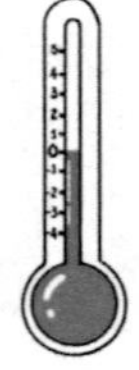

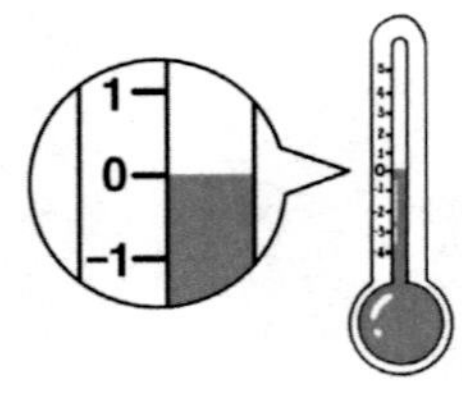

The thermometer stands **at 0.**

Similar The thermometer stands at zero degrees.(common)
/ The thermometer reads zero degrees.(less common)

40. When do you become an adult?

I become an adult **at the age of 20.**

Similar I become an adult when I become 20 years old.

41. Where are your pants torn?

My pants are torn **at the knees.**

Similar My pants are out at the knees.(less common) / There is a rip at the knees.

42. Where do your jeans rip?

My jeans **rip** **at the knees.**

Similar My jeans are torn at the knees.(more common) / There is a rip at the knees.

43. What is he slow at?

He is slow at learning English.

Similar He is bad at learning English. / He is poor at learning English. / He is weak in English.
Opposite He is good at learning English.(common) / He is quick at learning English.

---

44. What is he quick at?

He is quick at learning English.

Similar He is good at learning English.
Opposite He is bad at learning English. / He is slow at learning English. / He is poor at learning English.

---

45. What is he good at?

He is good at swimming.

Opposite He is bad at swimming. / He is poor at swimming.
Tips! 잘한다는 표현을 '아주 잘한다'라는 표현으로 하려면 'much good at swimming, very good at swimming'식으로 표현하면 됩니다.

46. What is he poor at?

He is poor **at swimming.**

Similar He is bad at swimming. / He is weak in swimming.
Opposite He is good at swimming.

47. What are you an expert at?

I'm an expert **at chess.**

Similar I'm a specialist at chess.
Opposite I'm an amateur at chess.

48. How fast is he running?

He is running **at full speed.**

Similar He is running at top speed. / He is dashing at full speed.

49. How fast is the car running?

The car is **running** **at 70 miles an hour.**

Similar The car is running at 70 miles per hour.(common) / The car is running at a speed of 70 miles per hour. / The car is running at the rate of 70 miles per hour.

50. When does water boil?

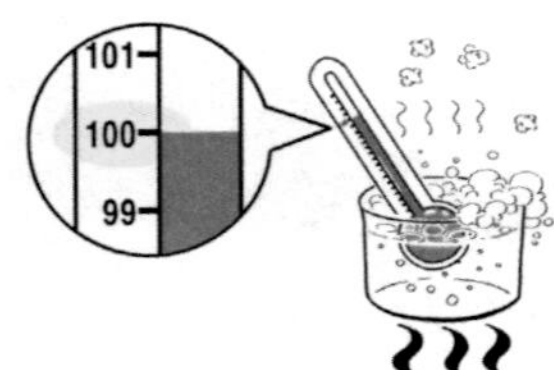

Water boils **at 100 degrees Celsius.**

Similar Water boils at 100℃.(more common) / Water boils at temperature of 100 degrees Celsius.

51. What angle does the bullet hit the wall?

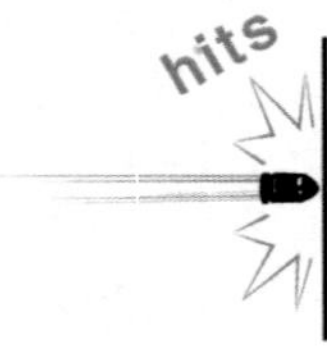

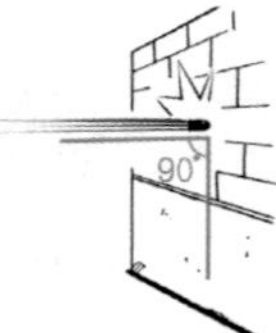

The bullet hits **the wall** **at an angle of 90 degrees.**

Similar The bullet hits the wall at 90 degrees.(common)

52. What angle does the ball bounce off?

The ball bounces off at 45 degrees.

Similar The ball bounces off at an angle of 45 degrees.

53. How do you buy the fruit?

I buy the fruit at a discount.

Similar I buy the fruit at a reduced price. /I buy the fruit at a lower price.

Tips! 특정 할인율을 표현한다면 'I buy the fruit at 50% discount'라고 할 수 있습니다. 과일은 'fruit'로 표현하고 과일의 여러 종류를 'fruits'로도 표현하는 경우도 있지만 'kinds of fruit'라고 표현하는 것이 더 일반적입니다.

54. Who do you throw a ball at?

I throw a ball at her.

55. Who do you throw a ball to?

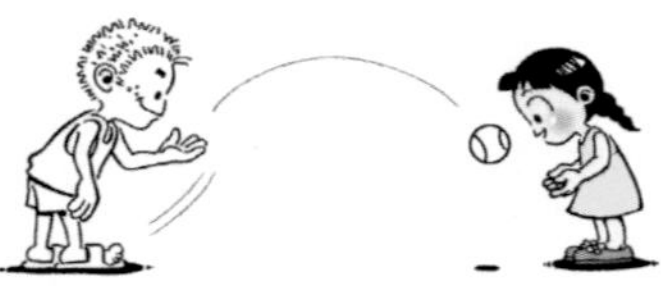

I throw a ball to her.

Tips! 'throw something to'와 'throw something at'은 던지는 동작은 같지만 'to'를 사용하면 상대방에게 받으라고 던지는 의미를 나타내고 'at'을 쓰면 맞추기 위해서 던지는 것을 의미하게 되는 차이를 보여 주기 위해 'to'의 쓰임을 비교로 넣은 것입니다.

56. Who do you throw a stone at?

I throw a stone at the dog.

Tips! 개는 우리들의 친구입니다. 돌을 던지거나 학대를 하면 안 됩니다. 표현은 알아야 하기에 만들어 봤습니다.

57. What do you aim at with a gun?

I aim at a target with a gun.

Similar I aim a gun at a target.(common) / I take aim at a target with a gun.

58. Who does he fire the gun at?

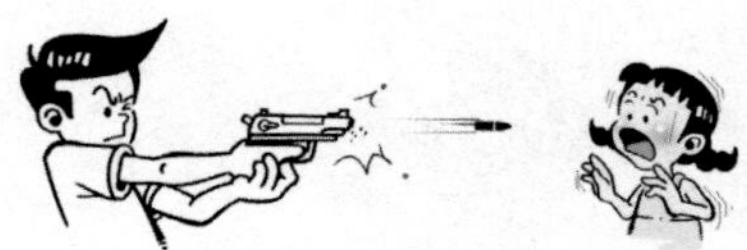

He fires the gun **at her.**

Similar He shoots the gun at her.

---

59. Who do you laugh at?

I laugh **at her.**

Opposite I respect her.

Tips! 'laugh' 자체에는 '비웃음'의 의미가 없지만 'laugh at'이라고 하면 (상대방의 의견 등을) 비웃거나 웃어넘기는 것을 의미합니다. 보통 동사 다음에 'at'이 오면 부정적인 의미가 내포되는 경우가 종종 있습니다.

---

60. What does he laugh at?

He laughs **at my idea.**

Similar He laughs at the idea of mine.(less common) / He sneers at my idea.

Opposite He respects my idea.

61. Who does she shout at?

She shouts **at the thief.**

Similar She yells at the thief.

62. Who do you shout at?

I shout **at my dog.**

Similar I shout to my dog.(less common) / I yell at my dog.

63. What do you guess at?

I guess **at the answer.**

Similar I guess the answer.(more common) / I make a guess at the answer.

64. Where is he?

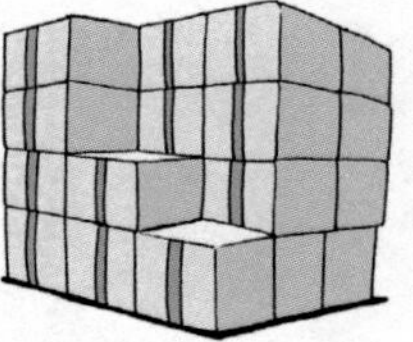

He is at work.

Similar He is on the job. / He is on duty.
Opposite He is off duty.

---

65. What is the kid a genius at?

The kid is a genius at music.

Similar The kid has a genius for music. / The kid has an inborn talent for music.

---

66. Where is she?

She is at mass.

Similar She is at prayer. / She does a prayer.(more common)

67. What are they doing?

They are **at play.**

Similar They are playing.(more common)
Opposite They are studying. / They are at work.

68. What is he doing?

He is **at breakfast.**

Similar He is having breakfast.
Opposite He skips breakfast.

69. Where is he?

He is **at the table.**

Similar He is at table.(영국식 표현에서 자주 씀) / He is at mess.(less common)

70. What are they doing?

They are **at war.**

Similar They are in war.(common) / They are in a war situation.

---

71. Where is he?

He is **at church.**

Similar He is in church.(less common)

---

72. Where are they?

They are **at the drive-in theater.**

Similar They are at the drive-in movie.

73. Where is the ship?

The ship is **at anchor.**

Similar The ship comes to an anchor in a harbor.
Opposite The ship is at sea.(more common) / The ship is out at sea. / The ship is on the voyage.

74. Where is the ship?

The ship is **at sea.**

Similar The ship is out at sea. / The ship is on the voyage.
Opposite The ship is at anchor.

75. How do you stand?

I stand **at attention.**

Similar I stand at the position of attention.(formal) / I stand to attention.(영국식 표현)
Opposite I stand at ease. / I stand easy.

76. How do you stand?

I stand at ease.

Similar I stand easy.

Opposite I stand at attention. / I stand at the position of attention.

77. What is she surprised by(at)?

She is surprised at my ignorance.

Similar She is surprised by my ignorance.(more common) / She is shocked by my ignorance.

78. What does she rejoice at?

She rejoices at the news.

Similar She is happy with the news.(more common) / She is happy at the news. / She is overjoyed at hearing the news.

Opposite She turns pale at the news.

79. How are they with each other?

They are　　　　at odds.

Similar They are at odds with each other.
Opposite They are on good terms with each other. / They are getting along well without any trouble.

80. What time does he come?

He comes　　　　at 2 o'clock.

Similar He comes at 2.(more common)

81. When does he come?

He comes　　　　at about 2 o'clock.

Similar He comes at about 2.(more common)
Tips! 'at 2 o'clock'은 정확히 '2시'를 의미하고, 'at about 2 o'clock'은 '대략 2시쯤'을 의미합니다. 전치사가 연속으로 두 번 나올 때는 당황하지 말고 이런 표현들에 차츰 익숙해지면 보다 다양하고 자연스러운 영어를 말할 수 있습니다.

82. Where do you arrive?

I arrive **at school.**

Similar I get to school.(common)

---

83. Where do you arrive?

I arrive **at the tree.**

Similar I reach the tree. / I get to the tree.

---

84. What do you do at the door?

Knock!
Knock!
Knock!

I knock **at the door.**

Similar I knock on the door.(more common, 미국식)

85. Where do you stop?

I stop **at the door.**

Similar I stop by the door. / I stop near the door.
Opposite I pass by the door.

86. Where does the bull rush?

The bull rushes **at me.**

Similar The bull rushes upon me. / The bull throws at me.

87. Who do you frown at?

I frown **at her.**

Similar I look with displeasure at her.
Opposite I give her a smile.

88. Who does she sneer at?

She sneers at me.

Similar She laughs at me. / She looks down at me.
Opposite She respects me. / She has a great regard for me.

89. Who is she angry at?

She is angry at me.

Similar She is mad at me. / She is upset with me.(common) / She gets upset with me.

90. When does she feel embarrassed?

She feels embarrassed at being questioned.

Similar She feels nervous at being questioned./ She is taken aback at being questioned.

91. When do you blush?

I blush **at my mistake.**

Similar I blush at a mistake./ I blush at my fault.

92. What are you terrified at?

I am terrified **at the sight** **of the car accident.**

Similar I am terrified by the sight of the car accident.

93. What are you terrified at?

I am terrified **at the sight** **of the plane crash.**

Similar I am terrified at the sight of the air crash. / I am terrified at the sight of the plane accident. / I am terrified by the sight of the plane crash.

94. How does he sell fruits?

He sells fruits **at a low price.**

Similar: He sells fruits at a discount.
Opposite: He sells fruits at a high price.

01 Preview tips – for

1. 목적(이유)을 나타내는 전치사 for
2. 대상(용도)을 나타내는 전치사 for
3. 보수(교환)를 나타내는 전치사 for
4. 받을 사람(수취인)을 나타내는 전치사 for
5. 공간적인 거리를 나타내는 전치사 for
6. 시간적 의미를 나타내는 전치사 for
7. 목적지(방향)를 나타내는 전치사 for
8. 비율(대비)을 나타내는 전치사 for
9. 이유(원인)를 나타내는 전치사 for

02 Practice - for

01 Preview tips – for

1) 목적(이유)을 나타내는 전치사 for

ⓐ ~를 하려고, ~를 위해서

I go

for a walk

in the forest.

예시 I go for a swim in the river. I'm going home for my father's birthday. I go to a restaurant for a meal. I dress for a party. I go out for dinner.

2) 대상(용도)을 나타내는 전치사 for

ⓐ ~대상의, ~용으로

This book is

for children.

예시 This is a college for women. This movie is for adults. I have money for books. I have some medicine for a stomachache. This house is for sale.

3) 보수(교환)를 나타내는 전치사 for

ⓐ ~에 대해(대신해)

I give my watch

for her camera.

예시 I pay 100 dollars for the car. I make up for the loss.

4) 받을 사람(수취인)을 나타내는 전치사 for

ⓐ ~에게 주려는, ~를 위해

I have a present

for her.

예시 There is a call for you. I'm making a phone call for her. I buy a new car for her. She makes dinner for me. I open the car door for her.

5) 공간적인 거리를 나타내는 전치사 for

ⓐ ~사이, ~에 걸쳐

I run

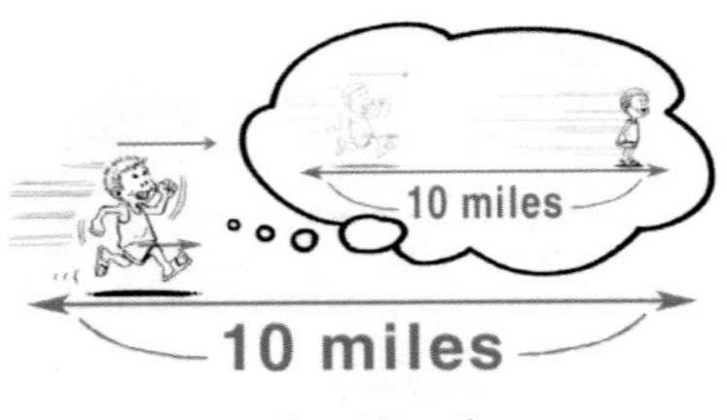

for 10 miles.

공간적인 거리를 표현할 때 전치사 'for'를 사용한다. 'for'를 생략하여 그냥 'I run 10 miles everyday.'와 같이 쓸 수도 있다. 하지만 'For 10 miles'가 문장 맨 앞에 오면 'for'를 생략할 수 없다.

예시 I walk for 3 miles. This river runs for 20 miles. This road runs for 20 miles. The forest stretches for 20 miles.

6) 시간적 의미를 나타내는 전치사 for

ⓐ 기간(~동안)

The rain lasts

for 3 hours.

예시 I study for hours. I study for days. I stay in Seoul for 3 days. I've been looking for her for years.

ⓑ 지정된 시점, 날짜, 시간(~에)

I have an appointment

for tomorrow at 3.

예시 I'm going to Seoul for the month of May. We make an appointment for 6 o'clock.

7) 목적지(방향)를 나타내는 전치사 for

ⓐ ~로 가는, ~행

I'm on the train

for Busan.

예시 I leave for Seoul. The plane is bound for Canada. The ship is sailing for Japan. The bus is bound for Seoul.

8) 비율(대비)을 나타내는 전치사 for

ⓐ ~에 비해

He is young for his age.

이 같은 전치사 'for'의 쓰임을 이용해서 'It's too cold for summer' 혹은 'This is too small for me'와 같은 문장의 응용도 가능하다.

예시 He looks old for his age. This hat is too small for me.

9) 이유(원인)를 나타내는 전치사 for

ⓐ ~때문에, ~로 인해

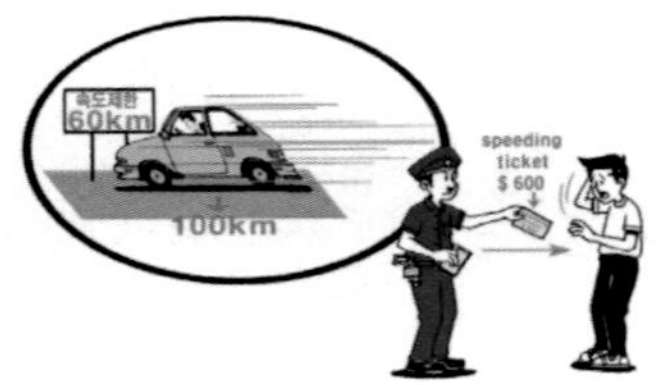

I am fined for speeding.

예시 A kid is crying for his mother. I was put in jail for theft. I give him a camera for his birthday. I have an operation for stomach cancer.

02 Practice - for

1. Where do you go for a walk?

I go　　for a walk　　in the forest.

Similar I go for a walk in the woods.(common) / I go take a walk in the woods. / I go for a walk in a wood.(less common)

2. Where do you go for a swim?

I go　　for a swim　　in the river.

Similar I go swimming in the river.(more common) / I go to swim in the river.

3. Why are you going home?

I'm going home　　for my father's birthday.

Similar I'm visiting my hometown for my father's birthday.

4. Why do you go to a restaurant?

I go to a restaurant for a meal.

Similar I go to a restaurant for breakfast(lunch, dinner).

5. What do you dress for?

for a party.

Similar I get ready for a party.(common) / I get dressed for a party.(more common)

Tips! 일반적으로 'dress'라고 하면 '옷, 드레스'라는 명사로만 인식하는 경우가 많지만 이 단어가 동사로 쓰이면 '옷을 입다, 장식을 하다, 요리를 준비하다' 등의 다양한 의미로도 사용될 수 있습니다.

6. When do you go to Seoul?

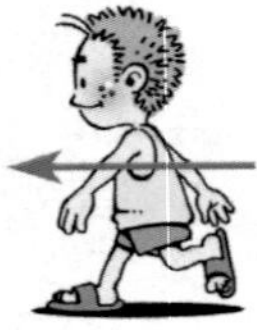

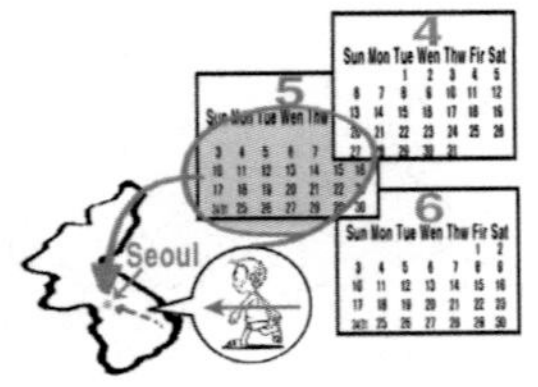

to Seoul for the month of May.

Similar I'll visit Seoul for the month of May.

7. Where do you leave?

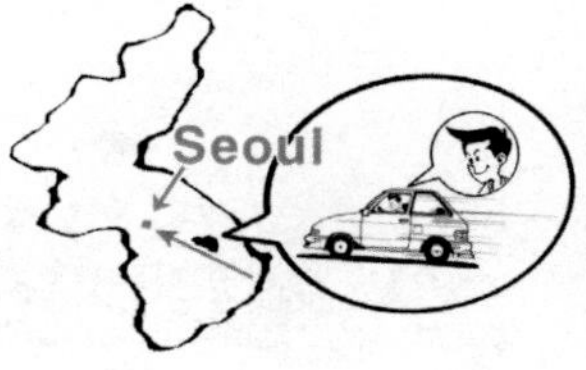

I leave for Seoul.

Similar I depart for Seoul.(common) / I start for Seoul.(less common)

Tips! 'I leave for Seoul'은 서울을 향해서 떠나는 것이지만 'I leave Seoul'이라고 하면 서울에서 다른 곳으로 떠나는 것이니 표현의 차이를 주의해야 합니다.

8. Where's this plane bound for?(Where's this plane headed?)

This plane is bound for Canada.

Similar This plane is headed for Canada.

9. Where is the ship sailing?

The ship is sailing for Japan.

Similar The ship is getting under sail for Japan.

Opposite The ship is at anchor.

10. Where are you?

I'm on the train for Busan.

Similar I take the train to Busan.

11. Where's this bus bound for?(Where's this bus headed?)

The bus is bound for Seoul.

Similar The bus is headed for Seoul.(common) / The bus is for Seoul.

12. Where does the bull dash?

The bull dashes for the door.

Similar The bull dashes to the door. / The bull rushes for the door.(common)

13. How many hours do you have for rest?

I have 2 hours for rest.

Similar I have 2 hours to rest. / I have a 2-hour break.(more common)

14. Who do you work for?

I work for a gas station.

Similar I work at a gas station.(more common) / I work in a gas station.

15. What do you have a ticket for?

I have a ticket for the baseball game.

16. What kind of operation do you have?

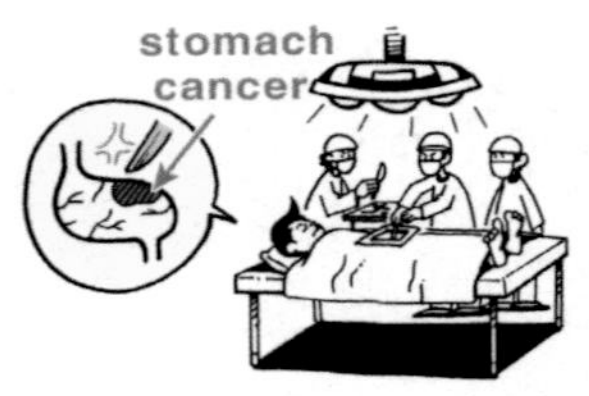

I have an operation for my stomach cancer.

Similar I'm having an operation for my stomach cancer.(more common) / There is an operation for my stomach cancer.(common)

Tips! 암 가족력이 있다는 표현은 'There is a history of stomach cancer in my family.'나 'Stomach cancer runs in my family.'가 모두 잘 쓰이는 표현들입니다.

17. Who is this book for?

This book is for children.

Similar This book is for kids.

Opposite This book is for adults. / This book is for grown-ups.

18. Who is the movie for?

This movie is for adults.

Similar This movie is for grown-ups. / This film is for adults.

Opposite This movie is for children. / This film is for kids.

19. What do you have money for?

I have money **for books.**

Similar I have money for buying books.

20. What do you put money away for?

I put money away **for a rainy day.**

Similar I save money for a rainy day. / I save money for tomorrow.
Opposite I live from hand to mouth. / I live from day to day.
Tips! 'I live from hand to mouth.'나 'I live from day to day.'와 같은 표현들은 하루 벌어서 하루 먹고 산다는 의미입니다.

21. What kind of medicine do you have?

I have some medicine **for a stomachache.**

Similar I have a remedy for a stomachache. / I have some pain reliever for a stomachache.
Opposite I have no medicine for a stomachache.

22. Why do you send her?

I send her **for a policeman.**

Similar I send her to go get help from a policeman.(common) / I send her for help to find a policeman.

23. What is this house for?

This house is **for sale.**

Opposite This house is not for sale.

24. What is this house for?

This house is **for rent.**

Tips! 임대한 집에서 사는 것을 'I live in a rented house'라고 합니다.

25. What kind of college is this?

This is a college for women.

Similar This is a women's college. / This is a women's university.
Tips! 우리나라에는 없지만 미국에는 캘리포니아에 'Claremont Men's college'라는 남자대학이 있습니다. 중·고등학교에서 남자 학교는 'a school for boys'라고 하고 반대는 'a school for girls'라고 하면 되겠죠?

---

26. What do you buy for your room?

I buy a new computer for my room.

Similar I purchase a new computer for my room.
Opposite I sell a new computer.

---

27. What are you looking for?

I'm looking for my dog.

Similar I'm searching for my dog.

28. How long have you been looking for her?

I've been looking **for her** **for months.**

Similar I've been searching for her for months.

29. How long have you been looking for her?

I've been looking **for her** **for years.**

Similar I've been searching for her for years.

30. Why is a kid crying?

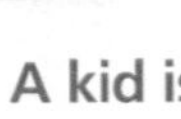

A kid is **crying** **for his mother.**

Similar A kid is crying out for his mother.

31. How do you run?

I run **for my life.**

Similar I run like the devil. / I run as fast as I can. / I run at full speed.

32. How is he for the job?

He is the right man **for the job.**

Similar He is the most qualified for the job.(formal) / He is the right one for the job.(common)

33. What plants are fit for eating?

These plants are fit **for eating.**

Similar These plants are edible.(more common) / These plants are good for eating.
Opposite These plants are inedible. / These plants are uneatable.

34. Who do you prepare lunch for?

I prepare lunch for my friends.

Similar I make lunch for my friends.

---

35. Why do you get ready?(Why are you getting ready?)

I get ready for school.

Similar I'm getting ready for school.(more common) / I'm preparing for school.(common)

---

36. Do you like the book?

I don't care for the book.

Similar I don't like the book.(common)
Opposite I like the book. / I love that book.

37. Can you see the house?

I can't see the house **for the fog.**

Similar I can't see the house in the fog. / I can't see the house through the fog.(more common) / I can't see the house because of the fog.(common)

---

38. Why can't you sleep?

I can't sleep **for the cold.**

Similar I can't sleep in the cold.(more common) / I can't sleep because of the cold.(common)

---

39. Why do you shout?

I shout **for joy.**

Similar I shout with joy.

40. Why does she blame you?

She blames me **for being late.**

Similar She reproaches me for being late. / She reproves me for being late.
Opposite She compliments me for coming early.

41. Why does she lecture him?

She lectures him **for being late.**

Similar She gets at him for being late.(informal) / She admonishes him for being late.(formal)

42. What do you have a taste for?(What do you have a craving for?)

I have a craving **for Japanese food.**

Similar I have a taste for Japanese dishes.(less common) / I have a hunger for Japanese food.(common)
Opposite I don't like Japanese food.

43. How much do you sell this house for?

I sell this house for 2,000 dollars.

Opposite I buy this house for 2,000 dollars.

---

44. How much is the check for?

This is a check for 100,000 won. (one hundred thousand)

---

45. How much do these pants sell for?

These pants sell for 20 dollars.

Similar These pants cost $20 dollars.

Tips! 'sell'은 흔히 '판다'는 의미로 알고 있는 경우가 가장 많기 때문에 이런 문장을 접하면 의아해하는 경우가 종종 생깁니다. 'sell'은 판다는 뜻 외에도 '팔린다'는 의미로도 자주 사용되는 것을 알아 둡시다.

46. How much are these eggs?

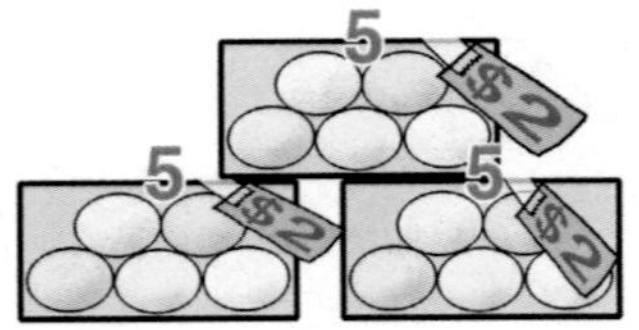

These eggs are 2 dollars for 5.

Similar These eggs are $2 for 5.

47. How does he sell shoes?

He sells shoes for a low price.

Similar He sells shoes at a low price.(more common) / He sells shoes at a discount.
Opposite He sells shoes at a high price.

48. How far do you walk?

I walk for 3 miles.

Similar I walk 3 miles.(more common)

49. How far do you run?

I run for 10 miles.

Similar I run 10 miles.(more common)

Tips! '하루에 10마일을 달립니다' 라고 표현 할 때는 'I run 10 miles a day'라고 합니다. 여기서 'a day'를 'one day'로 해도 될거 같지만 실제 원어민들은 'a day'를 즐겨 쓰기 때문에 'one day'로 하면 어색하다는 거 알아두세요.

50. How far does this river run?

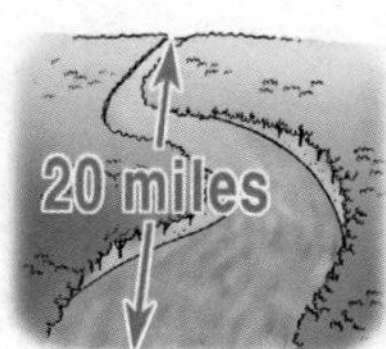

This river runs for 20 miles.

Similar This river runs for twenty miles.

Tips! 'run'은 '달리다'라는 뜻 이외에도 '물이 흐르다, 뻗치다'라는 의미가 있는데, 이 문장에서는 'run'의 이러한 표현으로 강이 20마일에 걸쳐서 형성되어 있다는 의미로 보면 됩니다.

51. How far does this road run?

This road runs for 20 miles.

Similar This road runs for twenty miles. / This road goes on for twenty miles.

52. How far does this forest stretch?

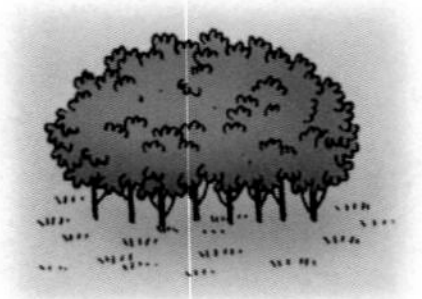

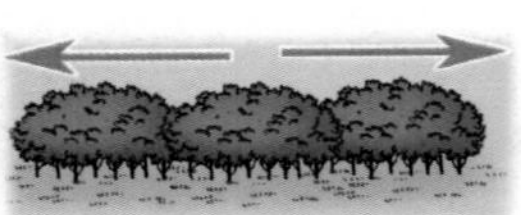

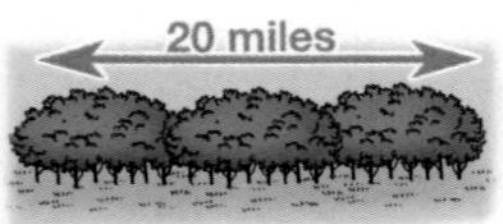

This forest **stretches** **for 20 miles.**

Similar This forest stretches for twenty miles.

53. What do you say when you feel sorry for somebody?

I'm sorry **for you.**

Similar I feel sorry for you. / That's too bad.

Tips! 미안하다고 할 때는 'I'm sorry'로만 표현을 하는 것이 일반적이지만 이것으로도 안 됐다는 표현으로 드물게 사용되기는 합니다. 하지만 'I'm sorry for you', 'I feel sorry for you'처럼 뒤에 'for you'가 붙게 되면 대부분 안 됐다는 의미로 사용된다는 것을 알아 두세요.

54. What do you say when you receive a letter from somebody?

Thank you **for the letter.**

Similar I appreciate the letter.

55. What are the people saying?

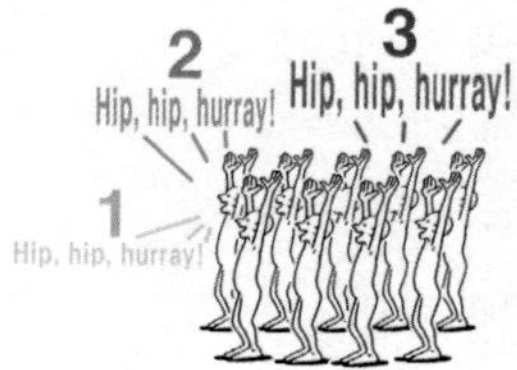

Three cheers

for the king.

Similar 3 cheers for the king.(less common)

Tips! 영어로 만세 삼창을 하려면 한 사람이 'hip, hip'하고 외치면 세 번째 타이밍에 'hurray'라고 모두 외치면서 같은 식으로 3번을 반복하면 됩니다. 'hip, hip, hurray', 'hip, hip, hurray', 'hip, hip, hurray' 이렇게 말이죠.

56. How long do you study for?

I study

for hours.

57. How long do you study for?

I study

for days.

58. How long does the rain last?

The rain lasts **for 3 hours.**

Similar The rain continues for 3 hours.

---

59. How long are you in Seoul?

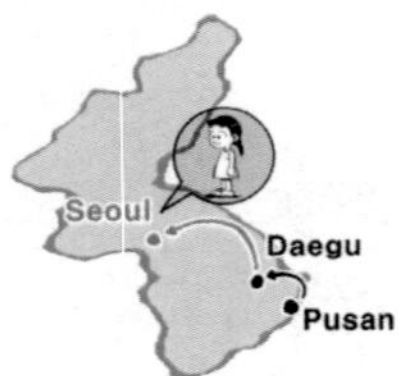

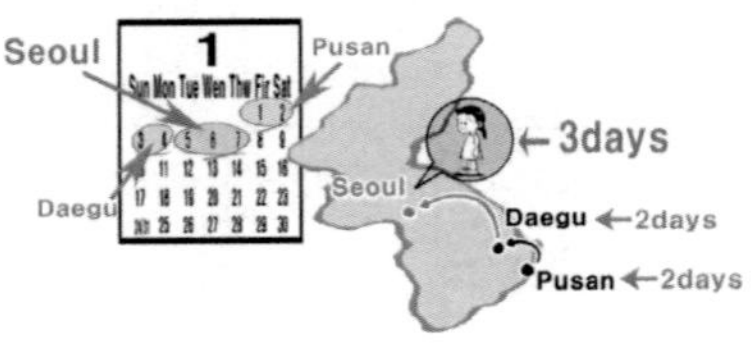

I stay in Seoul **for 3 days.**

Similar I'm staying in Seoul for 3 days.(more common)

---

60. How many points do you get?

I get 3 points **for each correct answer.**

Similar I receive 3 points for each correct answer.

61. Who is the call for?

There is a call **for you.**

Similar There is a telephone call for you. / You are wanted on the phone.(common) / A phone for you.

---

62. Why are you making a phone call?

I'm making a phone call **for her.**

Similar I'm dialing the phone for her.

---

63. Why do you buy a new car?

I buy a new car **for her.**

Similar I purchase a new car for her.
Opposite I sell a new car to her.

64. Who do you have a present for?

I have a present **for her.**

Similar I have a gift for her.

---

65. What does she make?

She makes dinner **for me.**

Similar She cooks dinner for me. / She prepares dinner for me.

---

66. Why do you open the car door?

I open the car door **for her.**

Opposite I close the door for her. / I shut the door for her.

67. What is milk good for?

for your health.

Similar Milk is good for you.
Opposite Milk is bad for your health.

68. When do you have an appointment?

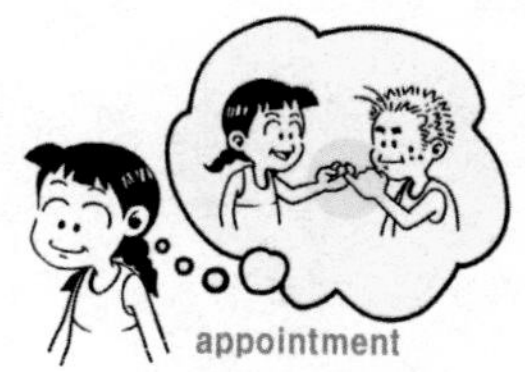

I have an appointment **for tomorrow at 3.**

Similar I have an appointment tomorrow at 3.(more common)
Tips! 'appointment'를 'promise'로 잘못 쓰는 경우가 종종 있는데, 일반적으로 시간을 정하고 만나는 일반적인 약속은 'appointment'이고 'promise'는 '새끼손가락을 걸고 뭐 사줄게.'와 같은 약속을 말합니다.

69. When do you have an appointment?

I have an appointment **for the day after tomorrow.**

Similar I have an appointment the day after tomorrow.(more common)
Tips! 'the day after tomorrow'는 '모레'를 나타내고 이와 반대로 'the day before yesterday'는 '그저께'를 나타냅니다. 이런 것을 응용하면 'the week before last week, the week after next week'로 사용할 수 있습니다.

70. When do you win the Nobel Prize?

I win the Nobel Prize **for 2006.(two thousand six)**

Similar I get the Nobel Prize for 2006.(less common) / I receive the Nobel Prize for 2006.

Tips! 2006년도는 'two thousand six'로 읽으면 됩니다. 1996년과 같은 연도는 19/96으로 끊어서 'nineteen ninety six'로 읽거나, 그냥 'nineteen hundred ninety six'로 읽어도 됩니다.

71. When is she Miss Korea?

She is Miss Korea **for 2006.**

Tips! 2006 = 'two thousand six' 이렇게 읽으면 됩니다.

72. How does he look?

He looks young **for his age.**

Opposite He looks old for his age.

73. How old does he look?

He looks old for his age.

Opposite He looks young for his age.

74. How much do you pay for the car?

I pay 100 dollars for the car.

75. What do you give for her camera?

I give my watch for her camera.

Similar I trade my watch for her camera.(more common) / I exchange my watch with her camera.

76. What are you fined for?

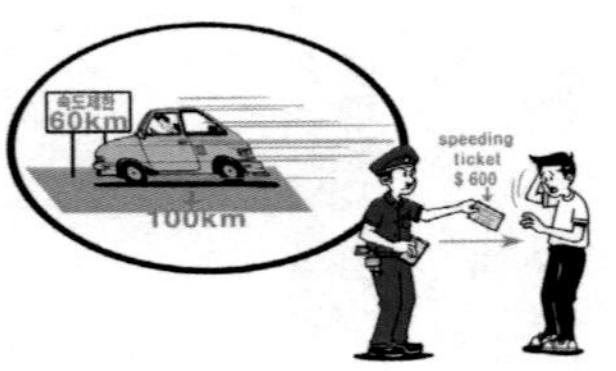

I am fined for speeding.

Similar I get a speeding ticket.

77. Why were you put in jail?

I was put in jail for theft.

Similar I was imprisoned for theft.(less common)

78. How is the baby named?

The baby is named for his grandfather.

Similar The baby is named after his grandfather.(more common)

79. How do you memorize a sentence?

I memorize a sentence word for word.

Similar I learn a sentence by heart. / I get a sentence by heart.

80. How does this hat fit?

This hat is too small for me.

Opposite : This hat is too big for me.

81. Why do you give him a camera?

I give him a camera for his birthday.

82. What time do you make an appointment?

We make an appointment **for 6 o'clock.**

Opposite We break an appointment for 6 o'clock.

83. What do you make up for?

I make up **for the loss.**

Similar I compensate for the loss.

84. What do you give him?

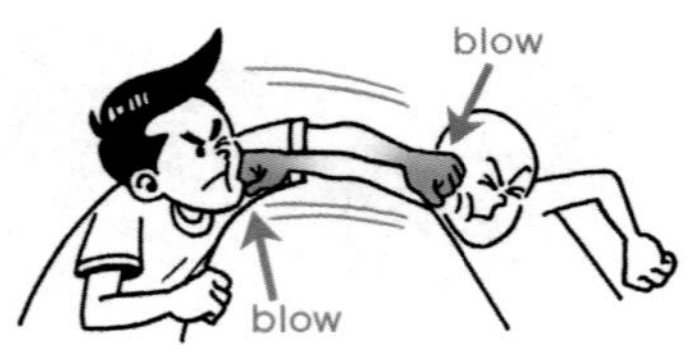

I give blow **for blow.**

Similar I get in a fight.(more common) / I'm hit with a blow to my face.(common)
Opposite We are in a state of peace.

85. Where are you a student leader?

I am a student leader for the class.

Similar I am the student leader in the class.(more common)

---

86. How many men for each group?

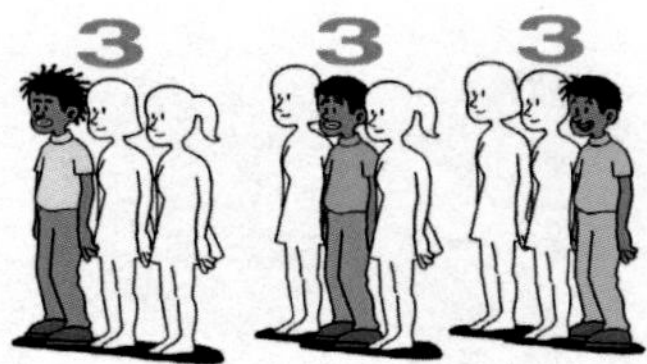

There's one man for each group of 3.

---

87. What do you prepare for?

I prepare for the test.

Similar I prepare for an exam.(common) / I get ready for the test.

88. What do you use for kneading dough?

I use 2 cups of water for kneading dough.

89. What should we pray for?

Let's pray for rain.

90. What are you hungry for?

I'm hungry for pizza.

Similar I have a craving for pizza.

91. What are you hungry for?

I'm hungry **for money.**

Similar I need money badly.(more common)
Opposite I have enough money.

92. What do you say when you move to another place for a drink?

Let's go **for another round.**

Similar Let's go somewhere else.

93. How many classes do you sign up for?

I sign up **for 5 classes.**

Similar I register for 5 classes. / I register for 5 courses.

94. What are you looking for?

I'm looking **for a job.**

Similar I'm trying to find a job.(common) / I'm searching for a job.

---

95. What table would you like?

I'd like a table **for 4.**

Similar I'd like a reserve a table for 4.

01 Preview tips – down

1. 아래로의 이동을 나타내는 전치사 down

2. Down의 부사적 용법

02 Practice - down

01 Preview tips – down

1) 아래로의 이동을 나타내는 전치사 down

ⓐ [높은 데서] 아래로

I ski down the slope.

예시 I fall down the stairs. Tears are rolling down my cheeks. I am sliding down the slide.

ⓑ ~을 따라

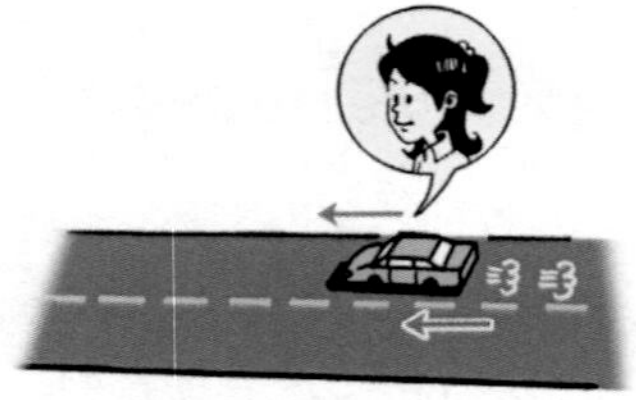

I drive down the street.

예시 I run down the street. I go down the road toward the church. I go down the river. I'm reading down the page.

ⓒ ~의 아래쪽에

I have a pain

down my leg.

예시 I live down the river. There is a station 3 miles down the line.

2) Down의 부사적 용법

ⓐ [높은 곳에서] 낮은 쪽으로, 아래로

I come

down.

예시 I put the glasses down on the table. I look down. The sun goes down. I put down my briefcase. I press down the cork of the bottle.

ⓑ [서거나 수직으로 있다가 수평이 되도록] 누운, 앉은

I cut the tree

down.

예시 I lie down on the grass. He is down with influenza. I beat him down. I knock the boy down.

ⓒ 더 낮은 수준이나 비율로 내려간

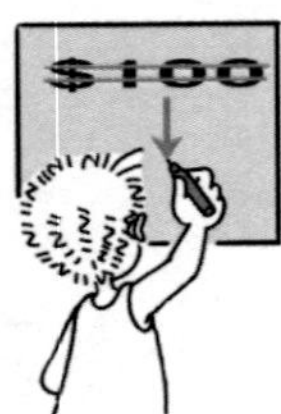

I bring down

the price.

예시 I cut the price down. The price of oil is going down. The temperature is coming down.

ⓓ [양이] 줄어드는, 소모되는,

I boil the water

down.

예시 The battery has run down. The river is down. Front tires are down.

ⓔ [농도가] 묽어지는, [강도가] 더 낮은

I water down

Soju.

예시 I grind down the corn. I turn down the radio. The sea has gone down. The wind dies down.

ⓕ 완전히(completely), 단단히

I tie the box down.

예시 I wash down a car. I hose down the car.

ⓖ [종이나 명단에] 적어두는

I write down what she says.

예시 I'm writing down my address.

02 Practice - down

1. Where do you go?

I come down.

Similar I go down.
Opposite I go up.
Tips! 'I come down'은 아래에서 올려다보는 관점에서 표현한 것이고, 'I go down'은 위에서 아래로 내려다보는 관점에서 표현한 것입니다. 다른 표현이지만 여기서는 같은 동작을 나타낸 것입니다.

2. How do you sit?

I sit down. / I sit up.

3. What do you get down on?

I get down on my knees.

Similar I sit on my knees. / I kneel down.(more common) / I fall to my knees.(common) / I drop to my knees.

4. Where do you get down on your knees?

I get down **on my knees** **in front of him.**

Similar I kneel down in front of him. / I bend my knees before him./ I fall to my knees before him.

---

5. How do you bow?

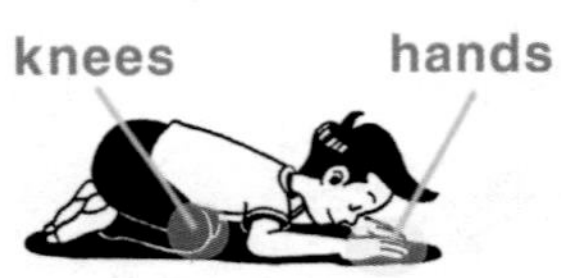

I bow down **on my hands and knees.**

Similar I bow down upon my knees. / I bow the knees to somebody.

---

6. Where do you look?

I look **down.**

Similar I look downwards.
Opposite I look up. / I look upwards.

7. How does she look?

She looks down.

Similar She looks blue. / She seems depressed.(common) / She looks gloomy.
Opposite She looks happy.(common) / She looks active.
Tips! 이 문장은 두 가지 의미가 있습니다. 글자 그대로 '그녀는 아래를 본다'는 의미일 때는 'She looks downwards'라고 표현할 수 있습니다. 그런데 여기서는 '그녀는 우울해 보인다'는 의미로 사용되고 있어 'She looks unhappy'로 이해해야 합니다. 같은 문장이지만 어떤 상황이냐에 따라서 다르게 받아들일 수 있는 문장입니다.

8. Where is the sun?

The sun is down. / **The sun is up.**

9. Where does the sun go?

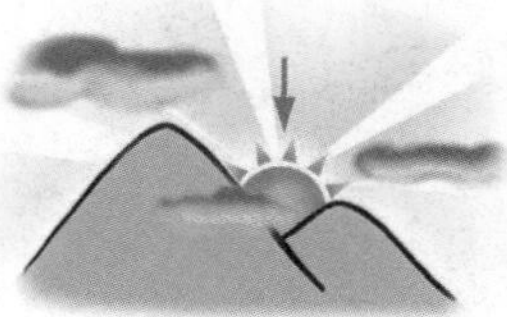

The sun goes down.  **The sun goes up.**

Similar The sun sets.

Similar The sun rises.

10. Where do you put your pen?

my pen

down.

11. Where do you lie?

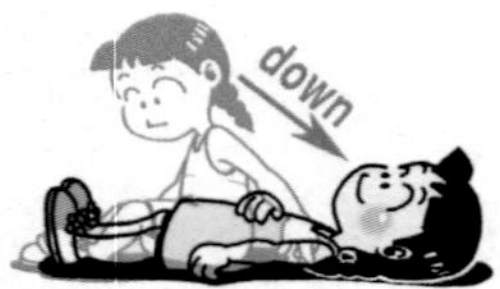

I lie down

on the grass.

Similar I lie on my back on the grass. / I lie down in the grass.

12. How are you lying?

on my side.

Similar I lay myself down sideways.

Tips! 옆으로 누워서 잔다는 말을 할 때는 'I sleep on my side'라고 표현하면 되고, 오른쪽 옆으로 눕는 것은 'on my right side' 그 반대는 'on my left side'로 하면 됩니다.

13. Where do you fall?

I fall down the stairs.

Similar I fall downstairs.(common) / I tumble down the stairs.
Tips! 'I fall off the stairs'라고 표현하면 계단에서 밖으로 떨어지는 것을 의미하니 이 차이를 잘 알아 두세요.

14. What happens to you?

I fall down and break my arm.

Similar I break my arm when I fall to the ground.(common) / I fall down and get my arm broken.
Tips! 'I broke my arm.' 이 문장을 직역하면 '나 내 팔 부러뜨렸어'라는 의미가 되는데 이 말은 곧 '내 팔이 부러졌어'라고 이해해야 합니다. 일반적으로 스스로 자신의 팔을 부러뜨리는 경우는 거의 없기 때문입니다. 만약 'I broke his arm'이라고 한다면 내가 그 사람의 팔을 부러뜨렸다는 뜻이 됩니다.

15. Where do you ski?

I ski down the slope.

Similar I ski down the declivity.(less common)
Opposite I walk up the slope.

16. Where are the tears rolling?

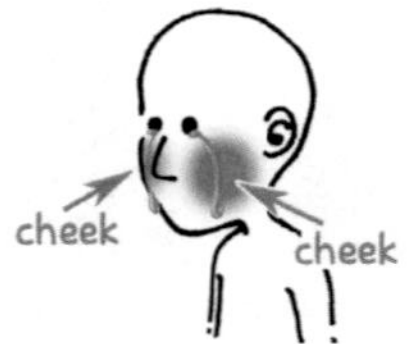

Tears are **rolling down** **my cheeks.**

Similar Tears are running down my cheeks.(common) /Tears are streaming down my cheeks. / Tears are flowing down my cheeks.

17. How do you pull the blind?

I pull **the blind** **down.**

Similar I pull down the blind.(common) / I close the blind. / I draw down the blind. /I lower the blind.
Opposite I pull up the blind. / I pull up the shade. / I draw up the blind. / I raise the blind.

18. Where do you pull him?

I pull him **down.**

Opposite I pull him up. / I push him up.

19. Where do you put your briefcase?

I put down **my briefcase.**

Similar I put my briefcase down.
Opposite I put my briefcase on the shelf. / I place my briefcase on the shelf.

---

20. What do you press down?

I press down **the cork** **of the bottle.**

Similar I press down on the cork of the bottle.
Opposite I draw the cork of the bottle. / I pull the cork out of the bottle.

---

21. What do you screw down?

I screw **the lid of the bottle** **down.**

Similar I screw the lid of the bottle shut.
Opposite I screw the lid of the bottle open.(more common) / I screw the lid up.

22. What does she rope for?

She ropes **to come down.**

Similar She climbs down the rope.(more common)
Opposite She climbs up the rope. / She ropes to go up.

---

23. Where do you fold one corner?

I fold one corner down **toward(s) the middle.**

Similar I fold on corner down to the center line.

---

24. Where do you put your head?

I put my head down **on the desk.**

25. Where do you put your glasses?

I put the glasses **down** **on the table.**

Similar I put down the glasses on the table.
Opposite I take the glasses from the table.

---

26. What do you get down from?

I get down **from the bus.**

Similar I get off the bus.(more common) / I walked down the stairs to get off the bus. / I step down from the bus.
Opposite I get on the bus.

---

27. Where do you walk?

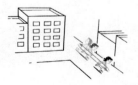

I walk up **and down** **the street.**

Similar I stroll aimlessly through the street. / I walk around the street.

28. Where do you go to?

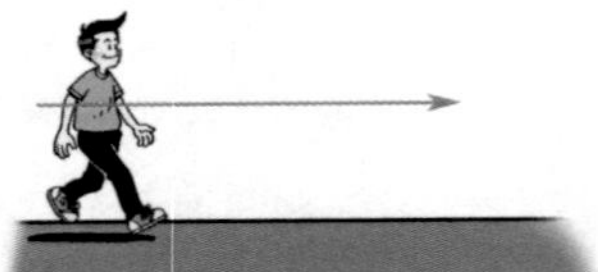

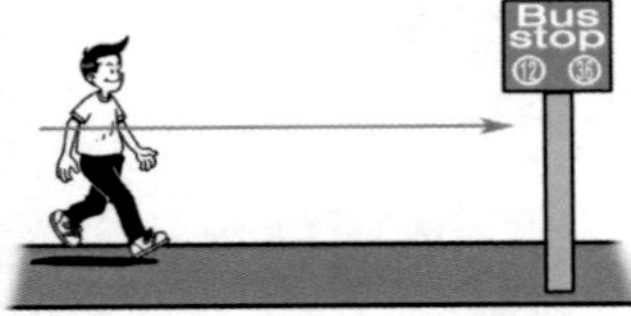

I go down **to the bus stop.**

Similar I get to the bus stop. / I go to the bus stop.

Tips! 'bus stop'은 우리가 도로에서 흔히 볼 수 있는 버스가 잠시 서서 승객들을 태우고 가는 곳이고 'bus terminal'은 버스의 종착역을 말합니다. 택시 정류장은 'taxi stand'라고 해야 합니다. 요금은 'bus fare, taxi fare'라고 합니다.

---

29. Where do you go down the street?

I go down the street **2 blocks** **and turn to the right.**

Similar I go along the street 2 blocks and turn right.

---

30. Where do you drive?

I drive **down the street.**

Similar I drive along the street.

Tips! 'down the street'는 'along the street'의 의미를 가집니다.

31. Where do you drive down?

I drive **down** **the hill.**

Opposite I drive up the hill.

---

32. Where do you run?

I run **down the street.**

Similar I run along the street.

---

33. Where does the boat go?

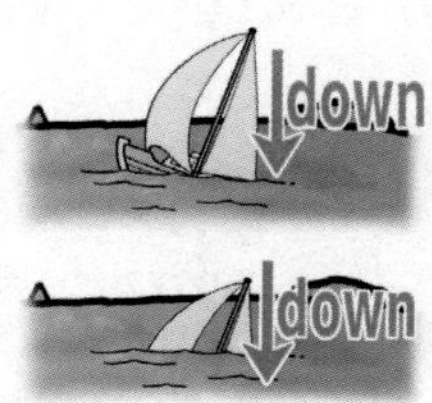

The boat **goes down.**

Similar The boat sinks to the bottom of the sea. / The boat goes down to the bottom of the sea.

34. Where is the bus coming down?

The bus is coming **down the hill.**

Similar The bus is going down the hill.
Opposite The bus is going up the hill.

35. Where are you sliding?

I am sliding **down the slide.**

Similar I am going down the slide.
Opposite I am climbing up the slide.

36. What do you take down?

I take down **the curtains.**

Similar I remove the curtains.(less common)
Opposite I hang the curtains.(common) / I put up the curtains.(more common)

37. What do you take down?

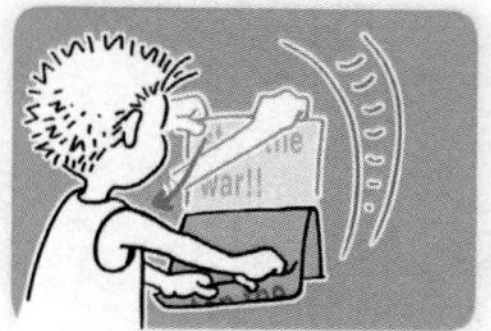

I take down the poster.

Similar I take off the poster.(common) / I tear off the poster. / I remove the poster.
Opposite I put up the poster.

38. Where do you fall?

I fall down the hill.

Similar I roll down the hill.

39. How do you go toward the church?

I go down the road toward the church.

Similar I go along the road towards the church.(common)

40. Where do you go?

I go down the river.

Opposite I go up the river.

41. Where are you reading?

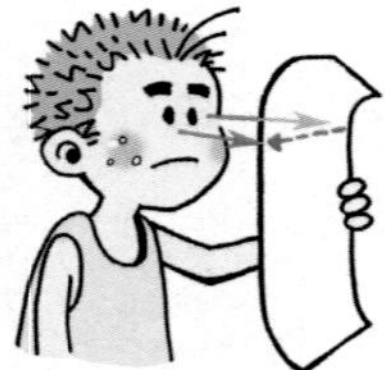

I'm reading down the page.

Opposite I'm reading up the page.

42. Where do you have a pain?

I have a pain down my leg.

Similar I have an ache in my leg.

43. Where do you live?

I live down the river.

Opposite I live up the river.

44. Where is a station?

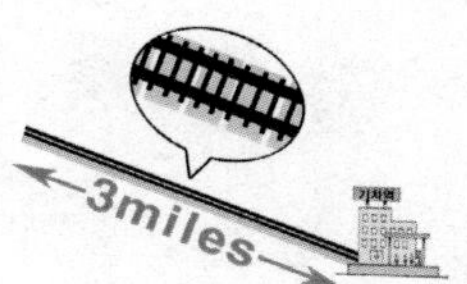

There is a station 3 miles down the line.

45. Where is the house from the bridge?

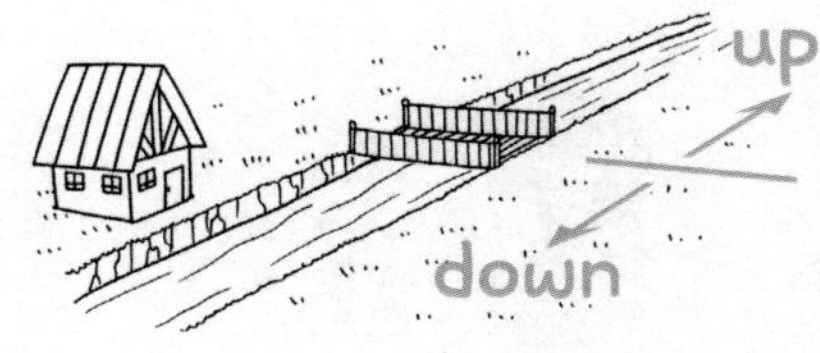

The house is further down from the bridge.

Opposite The house is further up from the bridge.

46. How far down is your hair hanging?

My hair is　hanging down　my back.

47. Where is she going?

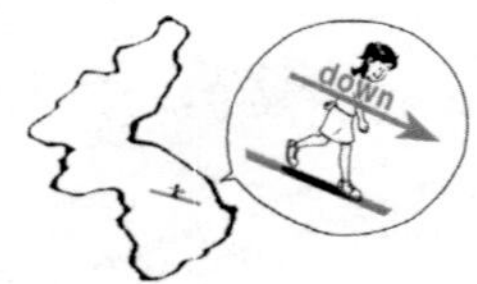

She is going down　to Daegu　from Seoul.

Opposite She is going up to Seoul from Daegu.

Tips! 보통 위치를 막론하고 지방에서 수도로 가는 것을 'up'으로 그 반대 상황은 'down'으로 일반적으로 표현합니다.

48. How do you turn the picture?

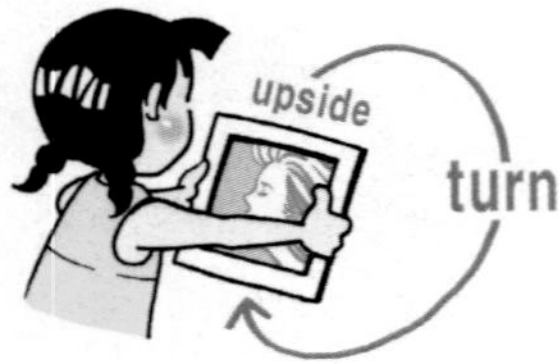

I turn the picture　upside down.

Similar I hang the picture upside down.

Opposite I turn the picture right-side up.

Tips! 위에서 아래로 방향을 바꾸는 것을 'upside down'으로 표현합니다. 안에서 밖으로 방향이 바뀌는 것은 'inside out'이라고 하면 됩니다.

49. Where do you move the mouse?

I move the mouse **downwards.**

Similar I move the mouse down.
Opposite I move the mouse upwards.(more common) / I move the mouse up.

50. Where does the road slope?

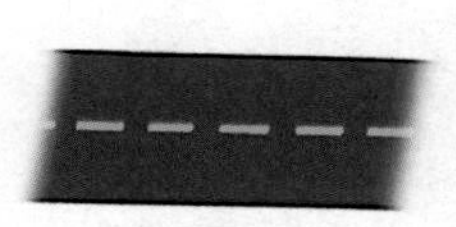

The road **slopes down** **to the river.**

Similar The road runs down to the river.

51. Where does the river flow?

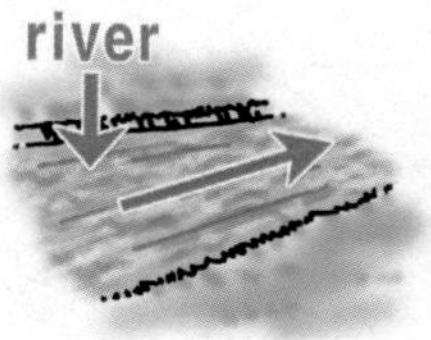

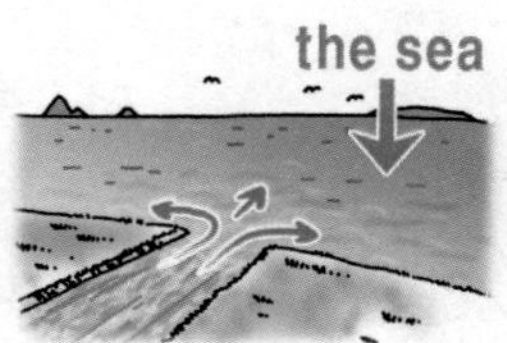

The river flows down **into the sea.**

Similar The river runs down into the sea. / The river finds its way to the sea.

52. What do you swallow?

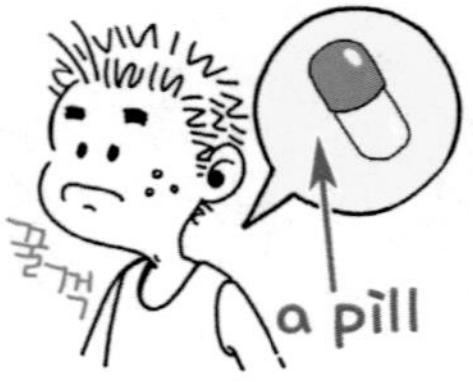

a pill **down.**

Similar I swallow down a pill.

---

53. How do you beat him?

I beat him **down.**

Similar I knock him down.(more common) / I knock him flat.

---

54. How do you knock the boy?

I knock **the boy** **down.**

Similar I beat the boy down. / I knock the boy out.

Tips! 아동학대, 폭력은 어떤 상황에서도 안 되는 거 아시죠? 이런 상황을 보시면 신고하세요.

55. What do you cut down?

I cut the tree **down.**

Similar I cut down the tree.
Tips! 'I cut the tree along the grain'은 나무를 결을 따라 자르는 것을 말합니다.

---

56. How is the wind?

The wind **dies down.**

Similar The wind has gone down.(common) / The wind dies away. / The wind drops./ The wind falls.
Opposite The wind rises.(common) / The wind gets up.

---

57. What do you bring down?

I bring down **the price.**

Similar I lower the price. / I cut down the price.(common)
Opposite I raise the price.(common) / I bring up the price. / I increase the price.

58. What do you cut down?

I cut the price down.

Similar I lower the price. / I bring down the price. / I cut down the price.
Opposite I raise the price. / I bring up the price.

59. How is the price of oil?

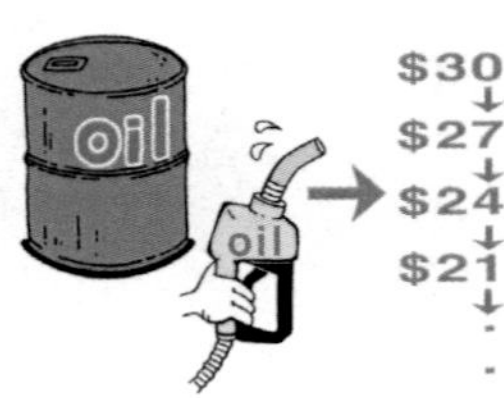

The price of oil is going down.

Similar The price of oil is falling. / The oil price is coming down.
Opposite The price of oil is going up. / The oil price is on the rise.

60. How is the price of gold?

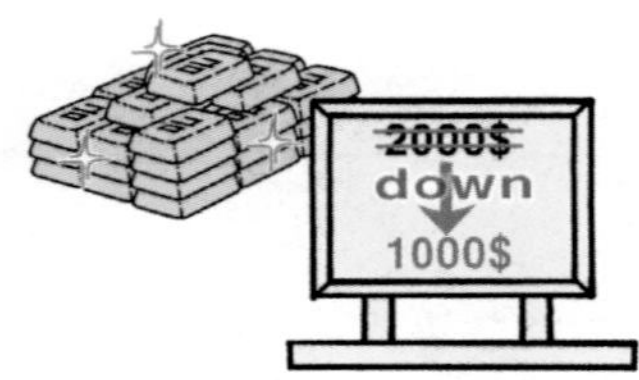

The price of the gold has come down.

Similar The price of gold has gone down. / The gold price has fallen.
Opposite The price of gold has gone up. / The gold price has gone up.

61. How is the temperature?

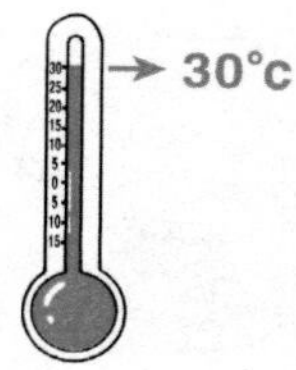

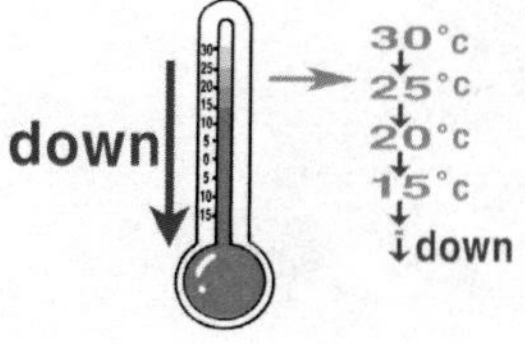

The temperature is coming down.

Similar The temperature is falling.
Opposite The temperature is going up. / The temperature is rising.

62. How is the river?

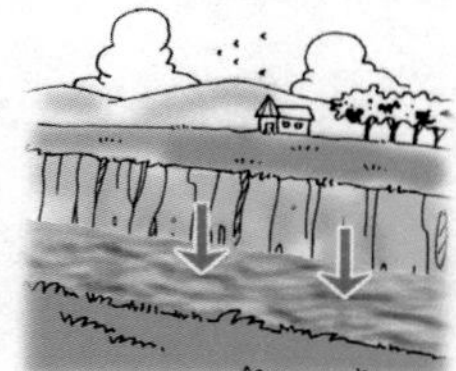

The river is down.

Opposite The river is up. / The river is risen. / The river is swollen.

63. How is the sea?

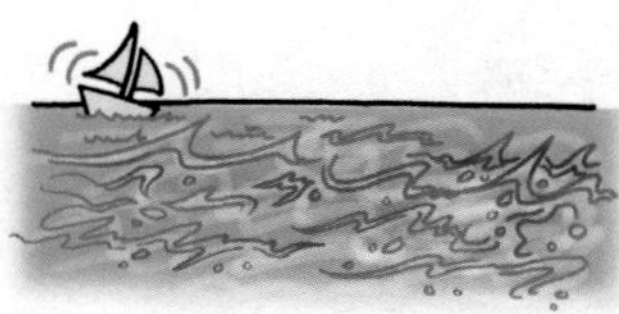

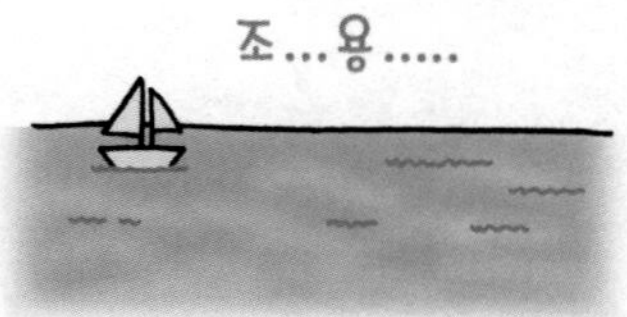

The sea has gone down.

Similar The sea has calmed down.(more common) / The sea has died down./ The sea became calm.

64. What do you grind?

I grind down **the corn.**

Similar I grind the corn down.

65. What do you water down?

I water down **Soju.**

Similar I mix water with Soju.

66. How are the tires?

Front tires are **down.**

Similar Front tires are flat.(more common)
Opposite Back tires are flat.(more common) / Rear tires are down.
Tips! 원어민은 'back mirror'라고 하면 뒤에 있는 거울인가 생각합니다. 그래서 우리가 말하는 백미러는 'rear view mirror' 식으로 뒤를 보여주는 거울식으로 표현해야 맞습니다.

67. How is he?

He is down **with influenza.**

Similar He is down with the flu.(more common)

68. What do you turn down?

I turn down **the radio.**

Similar I turn the radio down.
Opposite I turn up the radio.

69. What do you write down?

I write down **what she says.**

Similar I take down her words.

70. Who do you put down?

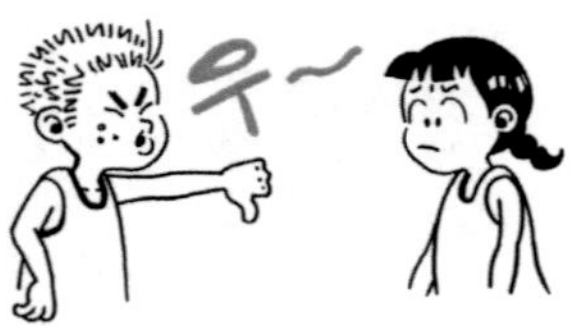

I put her **down.**

Similar I boo her down.(common) / I shout her down.

Tips! 'put somebody down'은 (특히 다른 사람들 앞에서) '누군가를 바보로 만들다, 깎아내리다'라는 의미가 있습니다. 때문에 비난하거나 야유하는 행동과도 연결될 수 있습니다.

---

71. Where does the road go?

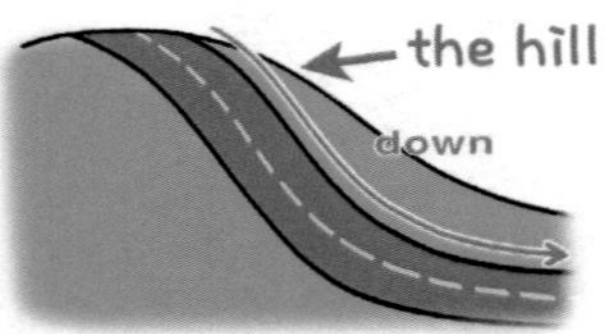

The road goes **down the hill.**

Similar The road runs down the hill.

Opposite The road goes up the hill.

---

72. What do you track down?

I track **down the tiger.**

Similar I chase down the tiger.

Tips! 'track down something'은 무언가의 뒤를 쫓아 추적한다는 의미가 있습니다. 그래서 'run down something'이라고 하면 뭔가를 뒤쫓아 달리는 이미지가 됩니다.

73. What does the tiger run down?

The tiger runs **down a fox.**

Similar The tiger runs after a fox.

---

74. What do you wash down?

I wash down **a car.**

Similar I hose down a car.

Tips! 'I wash a car'라고 해도 되지만 'I wash down a car'처럼 'down'을 추가하면 세차를 좀 더 완전하게 했다는 의미가 됩니다. 'up, out'도 이런 쓰임을 가지고 있다는 것을 알아둡시다.

---

75. What do you say to make someone take down the flag?

Down with **the flag!**

Similar Lower the flag! / Take down the flag!(more common) / Pull down the flag!

Opposite Raise the flag! / Put up the flag!(more common)

76. What do you say to make someone put the gun down?

Down with your gun!

Similar Put your gun down! (more common) / Drop the gun! (common)

77. Why are you going down to the cellar?

I'm going down to the cellar for a bottle of wine.

78. Where is he going?

He is going downtown.

Tips! 시내에 산다는 표현은 'I live downtown'이라고 하면 되고 시내에서 일하면 'I work downtown'이라고 해야 합니다.

79. How do you boil the water?

I boil the water down.

Similar I boil down the water.

80. How is the battery?

The battery has run down.

Similar The battery is dead.(more common) / The battery is flat. / The battery is all used up.
Opposite The battery has a full charge. / That is a fresh battery.

81. What do you tie down?

I tie the box down.

Similar I tie down the box.(common) / I bind the box with a string. / I tie the box up with a string.
Opposite I untie the lace of the box. / I untie the knot of the box.

82. What do you put down?

I put the flag down.

Similar I push down the flag.
Opposite I pull out the flag.

83. What do you say when it is too fast?

Slow down!

Similar Slow down speed!
Opposite Speed up! / Increase the speed!

84. What do you down?

I down a glass of beer.

Similar I drink a glass of beer.
Tips! 'down'은 보통 전치사, 부사로 사용되는 경우가 많지만 여기서는 '쭉 들이키다'라는 의미를 가진 동사로 쓰였습니다. 한국어에도 '술 한잔을 기울이다'라는 표현이 있는데 다른 문화의 비슷한 표현이라고 생각할 수 있습니다.

85. What are you writing down?

I'm writing down **my address.**

Similar I'm putting down my address.

86. What does she turn down?

She turns down **my proposal.**

Similar She refuses my proposal. / She declines my proposal. / She rejects my suggestion.
Opposite She agrees to my proposal. / She consents to my proposal. / She accepts my proposal.

87. Do you have enough money for the doll?

I am 3 dollars down **for the doll.**

Similar I am 3 dollars short for the doll.(more common) / I need 3 dollars more for the doll.
Tips! 여기서의 'down'은 'short'의 의미가 있습니다. 일반적으로 'down'보다는 'short'를 더 많이 사용합니다.

88. What happened to your car?

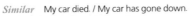

My car **broke down.**

Similar My car died. / My car has gone down.
Opposite My car is working well.

---

89. How is your computer?

My computer is **down.**

Similar My computer is broken.(common) / My computer is out of order.(formal)
Opposite My computer is working well.

---

90. What do you shut down?

I shut down **the store.**

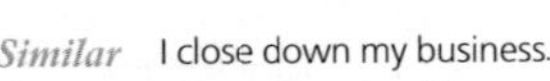

Similar I close down my business.
Opposite I open the store. / I open a business.

91. What do you hose down?

I hose down **the car.**

Similar I wash down the car.

---

92. What do you take down?(What do you set up?)

I take down the tent.

Similar I strike the tent.

I set up the tent.

Similar I put up the tent. / I pitch the tent.

---

93. What do you take down?

I take down **the ironing board.**

Similar I fold the ironing board. / I close the ironing board.(common)
Opposite I unfold the ironing board. / I open the ironing board.(common)

01 Preview tips – with

1. 대상과의 관계(함께함)를 나타내는 전치사 with
2. 소유(휴대)를 나타내는 전치사 with
3. 부대상황(동시동작)을 나타내는 전치사 with
4. 도구(수단)를 나타내는 전치사 with
5. 재료(내용물)를 나타내는 전치사 with
6. 원인(이유)을 나타내는 전치사 with
7. 헤어짐(분리)을 나타내는 전치사 with

02 Practice – with

01 Preview tips – with

1) 대상과의 관계(함께함)를 나타내는 전치사 with

ⓐ [동반, 동거] ~와 함께, ~와 같이

I have lunch with my friend.

예시 I live with my parents. I play with a string trio. I learn English with Pan. I walk with her.

ⓑ [일치, 조화, 동조] ~와, ~와 함께

I agree with her on the idea.

예시 I swim with the current. Are you with me or against me? I rise with the sun.

ⓒ [대립, 적대] ~와, ~을 상대로

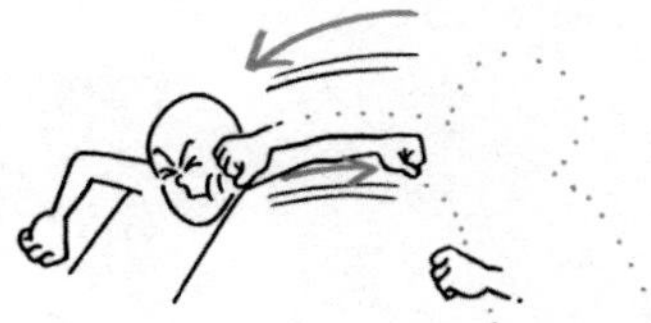

He fights

with me.

예시 I have a quarrel with her. I argue with her.

2) 소유(휴대)를 나타내는 전치사 with

ⓐ ~을 가진, ~이 있는

There is a man

with red hair.

예시 There is a man with good manners. He comes with a letter. There is a house with a large garden. There is a vase with handles. I take an umbrella with me.

3) 부대상황(동시동작)을 나타내는 전치사 with

ⓐ ~한 상태로, ~한 채로

She sits

with her arms

folded.

예시 I sit with my eyes closed. I stand with my cap on. I stand with my sleeves rolled up. She watches TV with tears in her eyes.

4) 도구(수단)를 나타내는 전치사 with

ⓐ ~을 사용하여, ~으로

I cut

a banana

with a knife.

예시 I stir my tea with a spoon. I pay with a check. I connect a gas-stove with a gas-pipe.

5) 재료(내용물)를 나타내는 전치사 with

ⓐ ~으로

예시 The house is covered with snow. There is a box filled with rubbish. I make a cake with eggs. I fill the bottle with water.

6) 원인(이유)을 나타내는 전치사 with

ⓐ ~의 탓으로, ~ 때문에

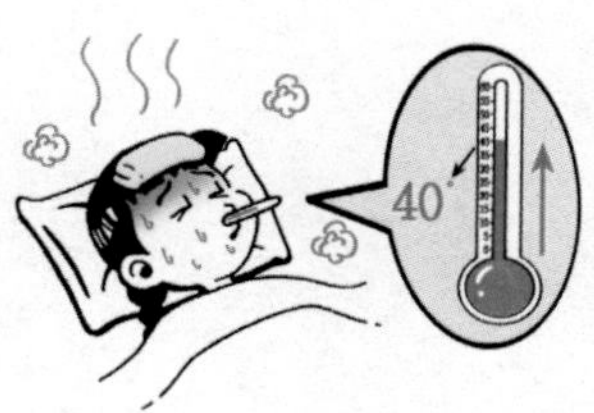

She is sweating with a fever.

예시 She is down with a fever. I tremble with fear. I shake with cold. He is bent with age.

7) 헤어짐(분리)을 나타내는 전치사 with

ⓐ ~와(분리되어), ~으로부터

I part with him.

예시 I part with her at the door.

02 Practice – with

1. Who do you live with?

I live **with my parents.**

Opposite I live alone.

2. Who do you have lunch with?

I have lunch **with my friend.**

Similar I eat lunch with my friend.
Opposite I eat lunch alone.(common) / I have lunch alone.(more common)

3. Who do you play with?

I play **with a string trio.**

Similar I play music with a string trio. / I perform music with a string trio.

4. Who do you play with?

I play **with a string quartet.**

Similar I play music with a string quartet. / I perform music with a string quartet.

5. Who do you learn English with?

I learn English **with Pan.**

Similar I learn English from Pan.(common) / I study English with Pan.
Opposite I study English on my own. / I learn English myself.

6. How do you swim?

I swim **with the current.**

Opposite I swim against the current.

7. How long have you been with the company?

I have been **with the company** **for 10 years.**

Similar I have worked for the company for ten years.

---

8. Who do you agree with?

I agree **with her** **on the idea.**

Similar I agree to your idea.
Opposite I don't agree with you. / I don't agree to your idea.
Tips! 일반적으로 'agree with + 사람', 'agree to + 사물'로 알고 있는데 'agree with' 다음에는 주로 사람이 오지만 사물이 오는 경우도 있습니다.

---

9. What do you say when you want someone to choose?

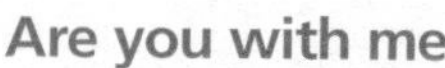
Are you with me **or against me?**

Similar Are you for or against my proposal?

10. How does a tree change?

A tree changes with the seasons.

Similar The tree depends on the season.

11. When do you rise?

I rise with the sun.

Similar I wake up with the sun.(more common) / I rise at dawn.

12. What kind of man is there?

There is a man with good manners.

Similar The man has good manners.

13. What kind of man is there?

There is a man **with red hair.**

Similar The man has red hair.

14. Who is there?

There is an old man **with gray hair.**

Tips! 우리는 '흰머리'라고 표현하지만 영어에서는 회색 'gray'로 표현합니다. 미국식으로 'gray' 영국식으로는 'grey'로 표기합니다.

15. What kind of animal is there?

There is a dog **with horns.**

Similar The dog has horns.

16. What kind of vase is on the table?

There is a vase with handles on the table.

Similar The vase with handles is placed on the table.

17. What kind of girl is there?

There is a girl with blue eyes.

Similar The girl has blue eyes.

18. What kind of house is there?

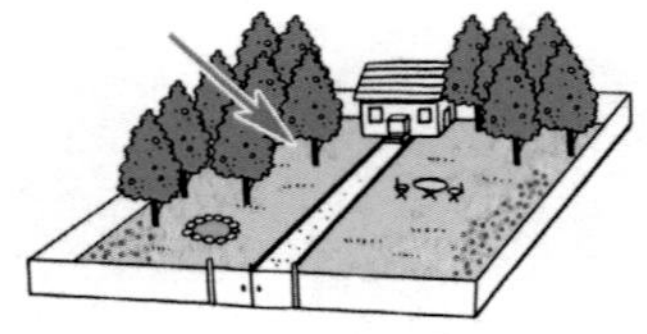

There is a house with a large garden.

Similar The house has a large garden. / The house has a large garden to it.

19. What kind of book is on the table?

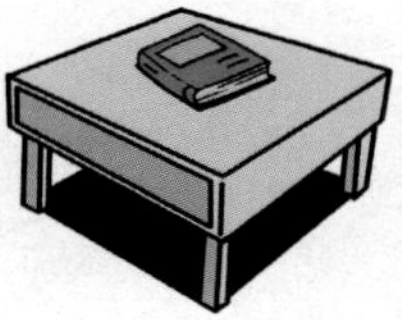

There is a book **with a red cover** **on the table.**

Similar The book on the table has a red cover.

20. What kind of man is there?

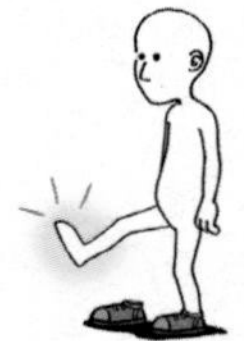

There is a man **with one shoe off.**

21. What kind of coat is there?

There is a coat **with 3 pockets.**

Similar The coat has three pockets.

22. What kind of plane is there?

There is a plane with 4 seats.

Similar The plane has 4 seats.

23. What kind of can is there?

There is a can with a hole in the bottom.

Similar There is a can with a hole on the bottom.(less common) / The can has a hole in the bottom.(common)

Opposite There is a can with a hole on the top.(more common) / There is a can with a hole in the top.(less common) / The can has a hole on the top.

24. What does he come with?

He comes with a letter.

Similar He brings a letter.(common) / He comes up with a letter.(common) / He shows up with a letter.

Opposite He goes away with a letter. / He disappears with a letter.

25. How do you greet her?

with a big smile.

Similar I welcome her with a big smile. / I warmly welcome her with a big smile.
Opposite I give her the cold shoulder.

26. What happens to your face when you smile?

My face dimples **with a smile.**

Similar I smile with dimples.(more common) / I have a smile with dimples. / The dimples on my face appear when I smile.
Opposite I don't have dimples when I smile.

27. What do you walk with?

I walk **with a stick.**

Similar I walk with a cane.

28. What do you cut a banana with?

I cut a banana with a knife.

Tips! 저는 고추 같은 것은 주방용 가위로 잘 자르곤 하는데 이런 표현은 'I cut peppers with scissors'라고 하면 됩니다.

29. Do you have anything to write with?

I have nothing to write with.

Opposite I have something to write with.

30. How do you pay?

I pay with a check.

Similar I pay by check.
Opposite I pay by cash. / I pay in cash.(common) / I pay cash.(more common)

31. How do you brighten the room?

I brighten the room with lights.

Similar I turn on the lights in the room.(more common)

Opposite I switch the lights off and darken the room. / I turn off the lights and darken the room.(more common)

32. How do you communicate?

We communicate with our eyes.

33. How does he walk?

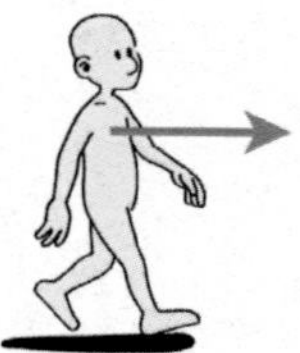

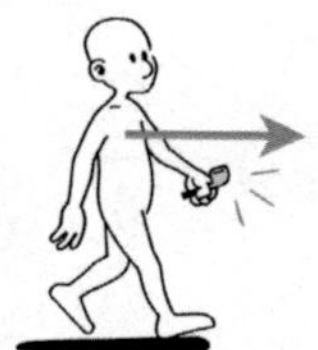

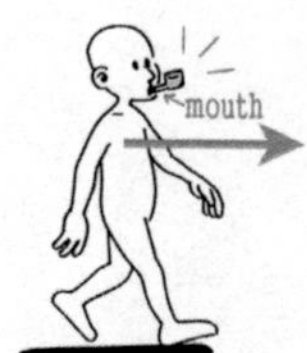

He walks with a pipe in his mouth.

34. How does she sit?

She sits **with her arms** **folded.**

Similar She sits with folded arms.

35. How do you sit?

I sit **with my eyes** **closed.**

Opposite I sit with my eyes open.

36. How do you stand?

I stand **with my hat** **on.**

Similar I stand wearing my hat.
Opposite I stand with my hat off.

37. How do you stand?

I stand **with my hat** **off.**

Opposite I stand with my hat on. / I stand wearing my hat.

38. How do you stand?

I stand **with my sleeves** **rolled up.**

Opposite I sit with my sleeves rolled down.

39. How does she watch TV?

She watches TV **with tears in her eyes.**

Similar She watches TV in tears.(more common)

40. How do you carry books?

I carry the books with difficulty.

Similar I move books with difficulty.
Opposite I carry the books with ease. / I move the books with ease.

41. How do you carry the books?

I carry the books with ease.

Similar I carry the books easily. / I move the books easily.
Opposite I carry the books with difficulty.
Tips! 'with ease'는 'easily'와 같은 의미를 갖고 있습니다. 이 두 표현과 반대되는 말은 'with difficulty' 입니다.

42. How do you study?

I study with enthusiasm.

Similar I study passionately. / I study with passion.

43. What do you help him with?

I help him with his coat.

Similar I help him put his coat on.
Opposite I help him take off his coat.

44. Who do you correspond with?

I correspond with a friend.

Similar I keep in touch with a friend.(more common)

45. What is the house covered with?

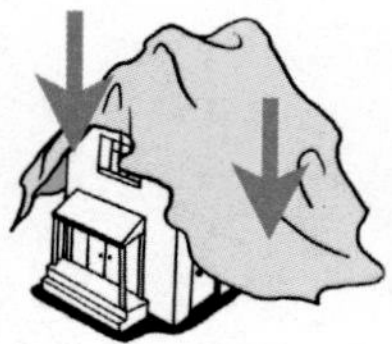

The house is covered with snow.

46. What do you connect a gas-stove with?

I connect a gas-stove with a gas pipe.

47. What do you stir your tea with?

I stir my tea with a spoon.

48. What are you pleased with?

I am pleased with the gift.

Similar I am happy with the gift.(more common)
Opposite I don't like the gift.

49. Who is he in love with?

He is in love with her.

Similar He falls in love with her.
Opposite He is not interested in her.
Tips! 사랑의 반대말은 증오가 아니라 무관심이라고 합니다!

50. Who do you leave a book with?

I leave a book with her.

Opposite I take the book back from her.

51. What do you have to play with?

I have a ball to play with.

52. How is your face wet?

My face is **wet** **with tears.**

Similar My face is wet from tears.(less common)

53. How is she?

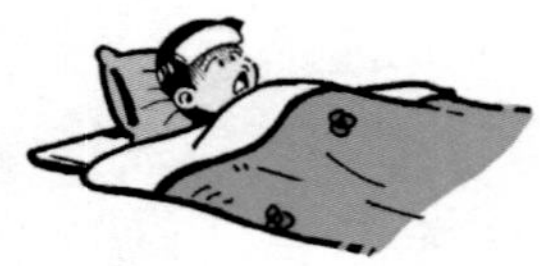

She is down **with a fever.**

Similar She is in bed with a fever.(more common) / She went down with a fever. / She is on her back with a fever.

54. How is she?

She is sweating **with a fever.**

55. Why do you tremble?

I tremble **with fear.**

Similar I tremble in fear. / I shiver with fear. / I quiver with fear.

56. Why does she tremble?

She trembles **with fear.**

Similar She trembles in fear. / She shivers with fear. / She quivers with fear.

57. Why do you shake?

I shake **with cold.**

Similar I shiver with cold.(more common) / I shiver in the cold.(common) / I shake in the cold.

58. How is he with age?

He is bent with age.

Similar He is bent from age.

59. Who do you part with?

I part with him.

Similar I part ways with him.

Tips! 'I part with him'은 단순히 만났다가 헤어지는 것을 말합니다. 완전히 헤어지는 '절교'라는 의미로 말하려면 'I'm done with him' 혹은 'I break up with him', 'I'm through with him' 정도로 표현해야 합니다.

60. Where do you part with her?

I part with her at the door.

Similar I part ways with her at the door.

61. Who does he fight with?

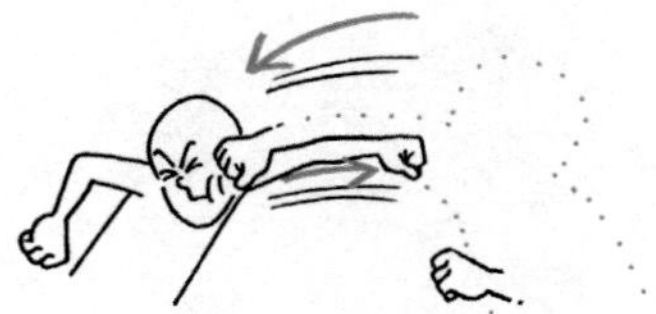

He fights **with me.**

Similar He fights against me.
Opposite He gets along well with me.

62. Who do you argue with?

I have a quarrel **with her.**

Similar I have an argument with her.(more common)
Opposite We are on good terms. / I am on good terms with her.(common)

63. Who do you argue with?

I argue **with her.**

Similar I have an argument with her. / I fight with her.

64. Who do you talk with?

I talk **with her.**

Similar I speak with her.(less common) / I converse with her.

---

65. Who do you drink with?

I drink **with my friends.**

Similar I have a drink with my friends.

---

66. Who do you walk with?

I walk **with her.**

Similar We walk together. / We go together.

67. What do you plant a garden with?

I plant | a garden | with flowers.

Similar I plant flowers in the garden.
Opposite I pluck the flowers in the garden.(common) / I pull the flowers from the ground.

68. How is the road blocked?

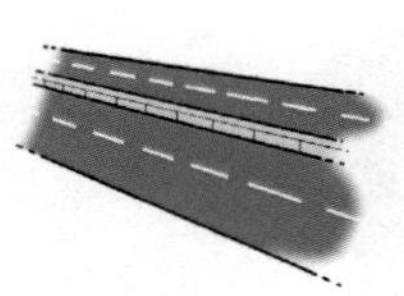

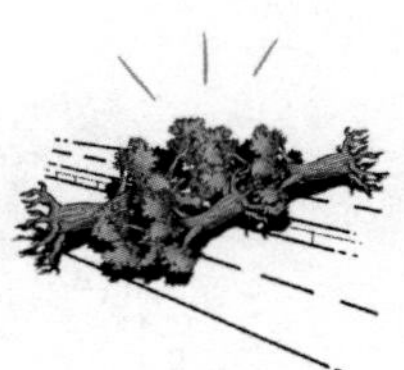

The road | is blocked | with fallen trees.

Similar The fallen trees are blocking the road.

69. What kind of box is there?

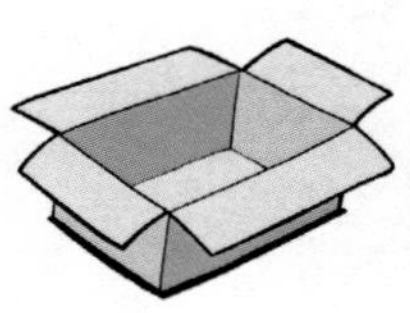

There is a box | filled | with rubbish.

Similar There is a box full of trash.(common) / There is a box filled with trash.(common) / There is a box filled with junk.

70. What kind of truck is there?

There is a truck **loaded** **with coal.**

Similar The truck is loaded with coal.
Opposite The truck is empty.

71. What do you make a cake with?

I make a cake **with eggs.**

72. What do you fill the bottle with?

I fill the bottle **with water.**

Opposite I empty the water of the bottle.(common) / I empty out the water from the bottle.

73. What do you have with a tea?

I have a tea with lemon.

Similar I have tea with lemon.(more common)

74. Who do you race with?

I have a race with her.

Similar I race with her. / I run a race with her.(common)

75. What do you take with?

I take my camera with me.

Similar I carry around my camera.

76. What do you take with?

I take **an umbrella** **with me.**

Similar I carry an umbrella along.

---

77. What is her occupation?

She is a flight attendant **with Korean Air.**

Similar She works as a flight attendant for Korean Air.

---

78. How much is it?

It is 20 dollars **with tax.**

Opposite It is 20 dollars without tax.

79. What does the necktie go with?

The necktie goes with the shirt.

Tips! 'go with'은 '같이 간다'는 의미도 되지만 '잘 어울린다'는 의미도 있습니다. 그래서 'This color goes with the car'라고 하면 '이 색상이 그 차에 잘 어울린다'는 뜻이 됩니다.

80. How many are in your family?

There are 4 in my family with the maid.

Similar There are 4 in my family including the maid.(more common) / There are 4 members in my family with the maid.

81. How does the shade move?

The shade moves with the sun.

82. What happened with the party?

I'm done **with the party.**

Similar I leave the party.(more common) / I break up with the party.

Tips! 여기서 'party'는 우리가 일반적으로 아는 '파티'의 의미가 아니라 '정당'이라는 의미로 사용된 것입니다. 식당에서 'How many in your party?'라고 하면 '일행이 몇 명이나 되세요?'라고 묻는 것입니다.

83. Who is she pregnant with?

She is pregnant **with a baby boy.**

Similar She is expecting a baby boy.

84. How do you leave the kitchen?

I leave the kitchen **with the kettle** **boiling.**

Similar I get out of the kitchen with the kettle boiling.

85. How does he stand?

He stands with his back against the wall.

Similar He leans his back against the wall.(common) / He is backed against the wall.

86. Who do you leave your baby with?

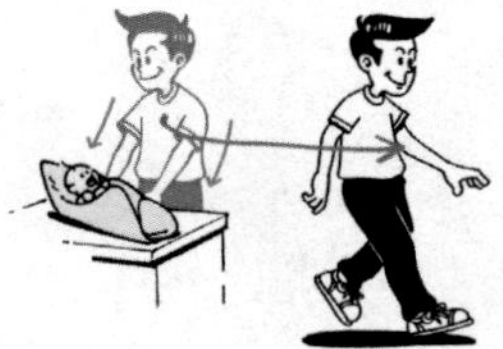

I leave my baby with a nurse.

Similar I put my baby to a nurse. / I hand over my baby to a nurse.
Opposite I take care of my baby myself.

87. What does he come in with?

He comes in with a bag under his arm.

Similar He shows up with a bag under his arm. / He appears with a bag under his arm.

88. What do you mix Soju with?

I mix Soju **with water.**

Similar I mix water with Soju. / I add water to Soju.

---

89. Who is she popular with?

She is popular **with the boys.**

Similar The boys are very interested in her.

---

90. What do you provide her?

I provide her **with milk.**

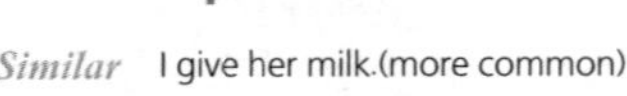

Similar I give her milk.(more common)

91. What do you present her?

I present her with an English book.

Similar I give her an English book.(more common)

92. How are you with her?

I'm close with her.

Similar I'm on good terms with her. / We are close friends.(common)

93. Who are you angry with?

I am angry with her.

Similar I am upset with her. / I get upset with her. / I get angry with her.
Opposite I am happy with her.
Tips! 'angry with someone'은 'angry at someone'과 같은 의미로 사용됩니다. 둘 다 자주 사용하는 표현입니다.

94. What does he do to the horse?

He hits a horse with a whip.

Similar He whips a horse.

---

95. What do you join one end with?

I join one end with the other.

---

96. What do you compare?

I compare this book with that book.

97. How does he keep the beat?

He taps the beat with his foot.

Similar He keeps time with his foot. / He keeps the beat with his foot.

98. How does she keep the beat?

She taps the beat with her finger.

Similar She keeps time with her finger. / She keeps the beat with her finger.

01 Preview tips – by

1. 근접(범위, 경로)을 나타내는 전치사 by
2. 수단(방법, 원인)을 나타내는 전치사 by
3. 때(기간)를 나타내는 전치사 by
4. 정도(비율)를 나타내는 전치사 by
5. 단위(척도, 수)를 나타내는 전치사 by
6. 동작(접촉)을 받는 부분을 나타내는 전치사 by
7. 수동태 구문을 나타내는 전치사 by

02 Practice – by

01 Preview tips – by

1) 근접(범위, 경로)을 나타내는 전치사 by

ⓐ [장소, 위치] ~의 옆에(서), ~곁에

I sit by her.

예시 There is a flower by the window. There is a home by the seaside. I stand by her. There is a tree by the gate.

ⓑ [통과, 경로] ~의 옆을, ~을 지나서

The ship is sailing by an iceberg.

예시 I drive by the hospital. I pass by the station. The bus passes by me. I travel by Japan.

2) 수단(방법, 원인)을 나타내는 전치사 by

ⓐ [운행 수단, 수송, 전달] ~으로, ~에 의하여

She travels

by ship.

예시 She arrives by air. He travels by car. The old man goes by plane.

ⓑ [방법, 수단] ~으로

I make money

by painting.

예시 I hang on by my hands. I learn English words by heart. I write by foot with a pen.

ⓒ [원인] ~때문에, ~으로

He dies

by poison.

예시 The man is killed by an arrow. The window is broken by a stone.

3) 때(기간)를 나타내는 전치사 by

ⓐ [경과를 나타내어] ~동안에

I work

by day.

예시 I work by night.

ⓑ [기한을 나타내어] ~까지는

I return this book

by 5 o'clock.

4) 정도(비율)를 나타내는 전치사 by

ⓐ ~만큼, ~정도까지

He is shorter than me

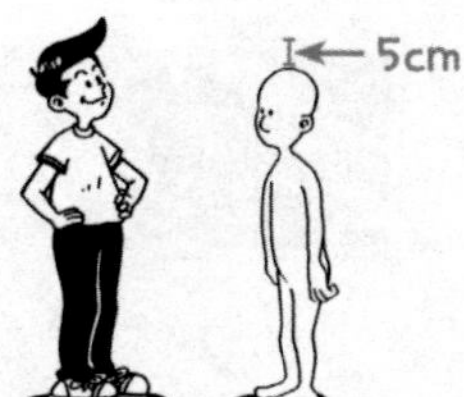

by 5 centimeters.

예시 I'm taller than my father by a foot. He wins by a nose.

ⓑ [연속된 단어로 표현하여] ~씩

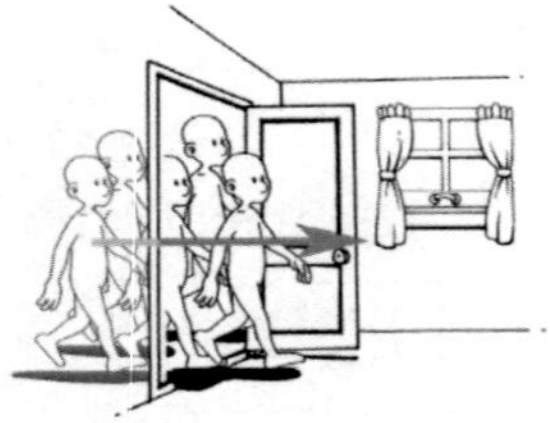

They enter the room

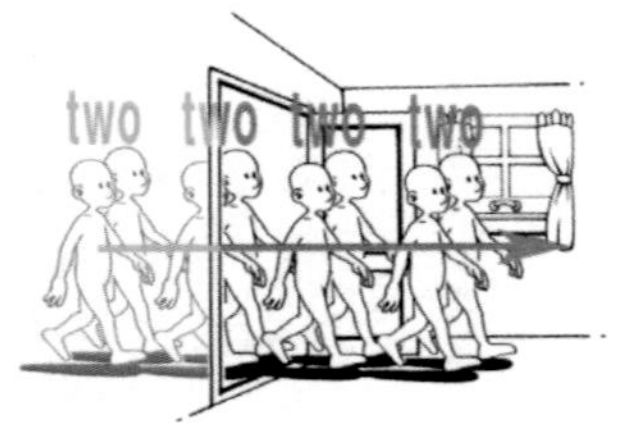

2 by 2.

예시 2 by 2, side by side, day by day, step by step, room by room.

ⓒ [곱셈, 나눗셈] ~으로

I multiply

3 by 4.

예시 I divide 8 by 2.

5) 단위(척도, 수)를 나타내는 전치사 by

ⓐ [단위, 기간] ~을 단위로 하여, ~로

Eggs are sold

by the dozen.

예시 I put the apples in order by size. I get paid by the week. I get paid by the month. Eggs are sold by threes. I shoot birds by the hundreds.

6) 동작(접촉)을 받는 부분을 나타내는 전치사 by

ⓐ [동작을 받는 사람, 물건] ~을

She drags me

by the legs.

예시 I lead her by the hand. She catches me by the neck. I seize the hammer by the handle.

7) 수동태 구문을 나타내는 전치사 by

ⓐ [동작의 주체를 나타내어] ~에 의하여, ~에 의한

The tree is hit

by a car.

예시 The island is surrounded by the sea. The building is destroyed by fire. The book is written by me.

02 Practice – by

1. Where is a flower?

There is a flower by the window.

Similar There is a flower near the window.

2. Where is a potted flower

There is a potted flower by the window.

Similar There is a potted flower near the window.

3. Who is by the window?

There is someone by the window.

Similar There is someone at the window. / There is someone near the window.

4. Where is a home?

There is a home **by the seaside.**

Similar There is a home by the beach. / There is a home near the seaside.

5. Where is a house?

There is a house **by the river.**

Similar There is a house near the river. / The house is close to the river.

6. Who do you sit by?

I sit **by her.**

Similar I sit by her side. / I sit next to her.(common) / I sit beside her.(common)

7. Who do you stand by?

I stand **by her.**

Similar I stand by her side. / I stand next to her.(common) / I stand beside her.(common)

8. What do you drive by?

I drive **by the hospital.**

Similar I drive past the hospital.
Opposite I stop by the hospital.

9. What do you pass by?

I pass **by the station.**

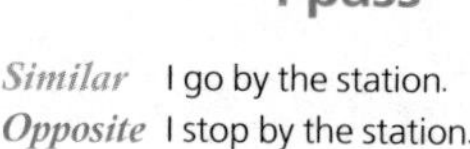

Similar I go by the station.
Opposite I stop by the station.

10. What passes by you?

The bus passes **by me.**

Similar The bus passes me by.

---

11. How does she arrive?

She arrives **by air.**

Similar She flies in here.(common) / She arrives by plane.

---

12. How does she arrive?

She arrives **by sea.**

Similar She arrives by ship. / She arrives on a ship.

13. How does he come?

He comes **by highway.**

Similar He comes running highway.(common) / He travels by highway.

14. How does he travel?

He travels **by car.**

Similar He goes by car.

15. How does she travel?

She travels **by ship.**

Similar She travels by water.(less common) / She goes by ship.

16. How does the old man go?

The old man goes by plane.

Similar The old man travels by plane.(more common) / The old man goes by air.

17. What does the old man go by?

The old man goes by the 12:30 plane.

Similar The old man goes on the 12:30 plane.(more common)

18. When do you work?

I work by day.

Similar I work days. / I work during the day.(common)
Opposite I work by night. / I work nights. / I work at night.(common)

19. When do you work?

I work **by night.**

Similar I work at night. / I work nights.
Opposite I work by day. / I work days. / I work during the day.

20. How many minutes did you miss the train by?

I miss the train **by 5 minutes.**

Opposite I made the train. / I caught the train.(common)

21. How much do you reduce the car speed?

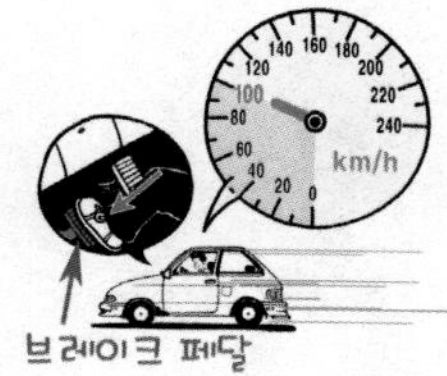

I reduce **the car speed** **by half.**

Similar I reduce the car speed by 50%.

22. When do you return this book?

I return this book by 5 o'clock.

23. How much shorter he is than you?

He is shorter than me by 5 centimeters.

Similar He is shorter than I am by 5 centimeters.
Opposite He is taller than me by 5 centimeters. / He is taller than I am by 5 centimeters.

24. How much taller are you than your father?

I'm taller than my father by a foot.

Similar I'm taller than my father by a head.(less in America)
Tips! 'a foot'이 복수가 되면 '2 feet'로 표기하고 길이의 단위가 됩니다. '20-foot tree'처럼 높이를 나타내는 표현으로 가능합니다. 'a foot'은 12인치 또는 30.48㎝ 정도가 됩니다.

25. How much does he win by?

by a nose.

Similar He wins by a hair.(more common) / He barely wins.(common) / He wins by a narrow margin.

Tips! 'by a nose'는 코 하나 정도 간격을 두고 승부를 가를 정도의 아주 근소한 차이를 두고 하는 표현입니다. 일반적으로 'by a nose' 보다 'by a hair'가 훨씬 더 근소한 차를 나타내고 일상생활에 많이 사용됩니다.

26. How do you know her?

I know her **by her voice.**

Similar I recognize her by the voice.

27. How is an ant hanging?

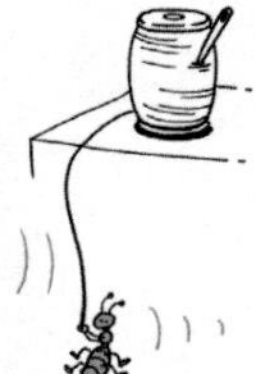

An ant is **hanging** **by a thread.**

28. How do you hang on?

I hang on **by my hands.**

Similar I hang on with my hands.(more common)

---

29. What is his occupation?

He is a farmer **by occupation.**

Similar He is a farmer as a job.

---

30. How do you learn English words?

I learn English words **by heart.**

Similar I memorize English words.(common) / I memorize English words by heart.

31. How do you meet her?

I meet her **by accident.**

Similar I meet her by chance. / I come across her.

Tips! 'by accident'는 우연히 일어나는 의미가 있는데 'by chance'도 같은 뜻이 됩니다. 한 단어로 표현하면 'accidentally'이며, 'I accidentally meet her' 식으로 표현됩니다.

---

32. How do you earn money?

I earn money **by teaching English.**

Similar I make money by teaching English.(more common) / I earn my living by teaching English. / I live by teaching English.

Opposite I have no job and make no money.

---

33. How do you make money?

I make money **by painting.**

Similar I earn money by painting. / I live by painting.

Tips! '돈을 벌다'라는 표현으로는 'to make money', 'to earn money'가 대표적으로 사용됩니다.

34. How do you lead her?

I lead her by the hand.

35. Where do you lead her?

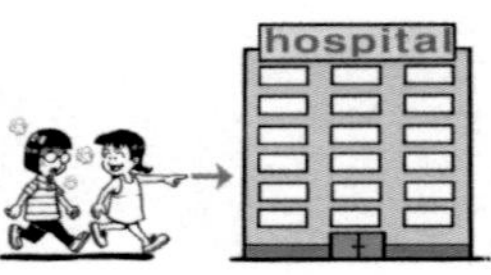

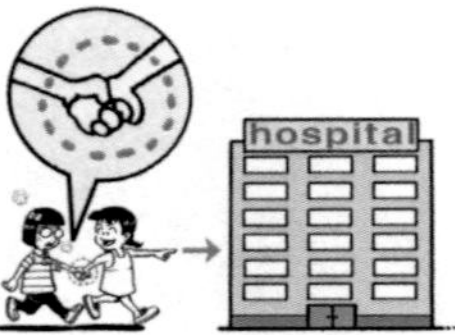

I lead her to the hospital by the hand.

36. How do you write?

I write by foot with a pen.

Similar I write by foot using a pen.

37. How does she drag you?

She drags me **by the legs.**

38. How does she catch you?

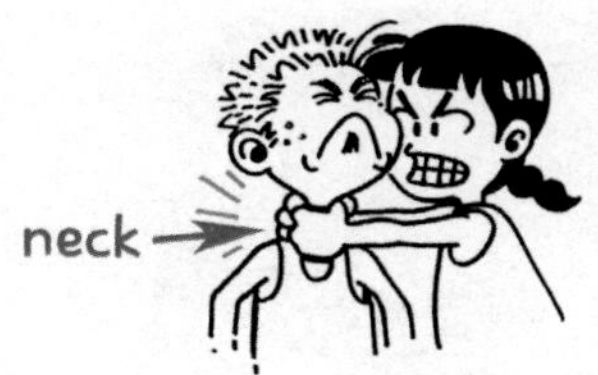

She catches me **by the neck.**

Similar She grabs my neck.

39. What hits the tree?

The tree is hit **by a car.**

Similar A car hits the tree.

40. How does the water pull the boat down?

The water pulls the boat down by the stern.

41. How is the man killed?

The man is killed by an arrow.

Similar An arrow killed the man.

42. How do they enter the room?

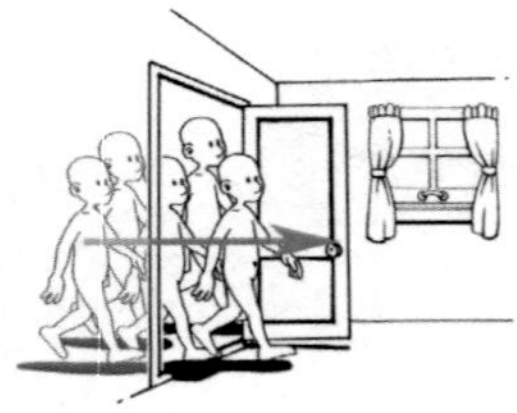

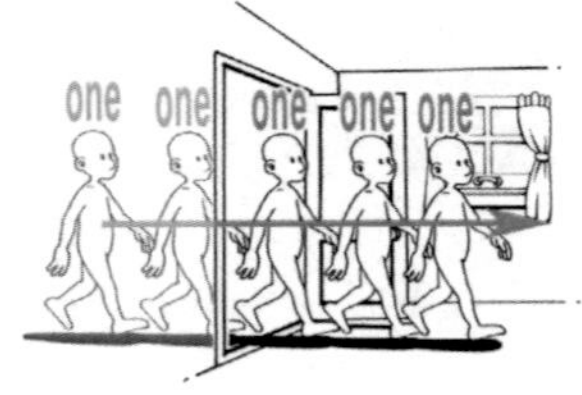

They enter the room 1 by 1.

Similar They enter the room one at a time.

43. How do they enter the room?

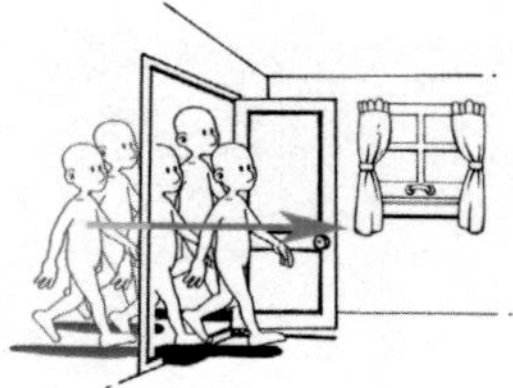

They enter the room 2 by 2.

44. How do we stand?

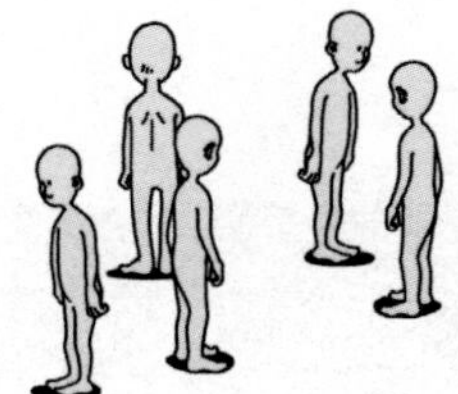

We stand side by side.

45. How do they sit?

They sit by twos and threes.

Similar They sit in twos and threes.

46. How does the snow fall?

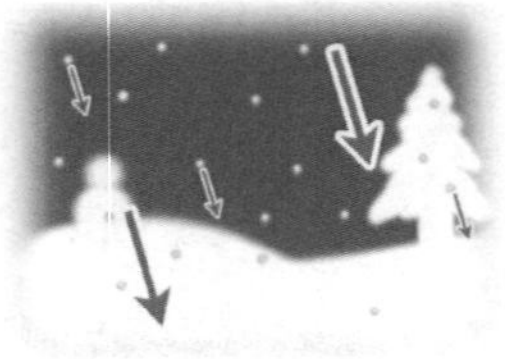

The snow falls **flake by flake.**

Tips! 눈송이를 'snowflake'로 표현하고 'cornflakes'는 우리가 흔히 잘 알고 있는 '콘플레이크'입니다. 'flake'는 얇은 조각 모양의 형태를 의미합니다.

---

47. What do you divide?

8÷2=

I divide **8 by 2.**

Similar 8 divided by 2 is 4. / 8 divided by 2 equals 4.(common) / 8 divided by 2 gives 4.

---

48. What do you multiply?

I multiply **3 by 4.**

Similar 3 multiplied by 4 is 12. / 3 multiplied by 4 equals 12.(common) / 3 multiplied by 4 makes 12.

Tips! 더하기는 'plus'를 넣어서 '3 plus 4 is(equals) 7'이라고 하면 되고 빼기는 'minus'를 넣어서 '4 minus 3 is(equals) 1'이라고 하면 됩니다.

49. How do you place the pencils?

I put **the pencils** **in order by length.**

Similar I put the pencils in order of length.(more common) / I place the pencils in order of length.
Tips! in order of age(나이순), in order of height(키순), in order of date(연대순), in order of precedence(서열순), in order of size(크기순), in order of importance(중요도순), in order of priority(우선순), in order of difficulty(난이도순)

50. How do you place the apples?

I put **the apples** **in order by size.**

Similar I put the apples in order of size.(more common) / I place the apples in order of size.

51. How do you get paid?

I get paid **by the week.**

Similar I get paid every week. / I get paid weekly.

52. How do you get paid?

I get paid **by the month.**

Similar I get paid every month. / I get paid monthly.

Tips! 'every other day'는 하루걸러 한 번씩이라는 뜻인데, 'every two days'도 같은 의미입니다. 'every seven days'라고 하면 일주일에 한 번씩이라는 뜻입니다.

---

53. How many birds do you shoot?

I shoot **birds** **by the hundreds.**

Similar I shoot birds by hundreds. / I shoot hundreds of birds.(more common)

---

54. How are eggs sold?

Eggs are sold **by threes.**

Similar Eggs are sold in threes.(more common)

55. How are eggs sold?

Eggs are sold by the dozen.

Similar Eggs are sold in dozens.(more common)

56. Where do you drop by?

I drop by the bank.

Similar I stop by the bank. / I drop in the bank.

57. Where do you stop by?

I stop by the library.

Similar I drop by the library.(more common) / I come by the library.

58. Where is the drugstore?

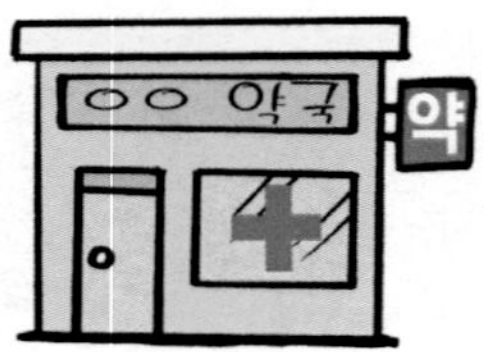

The drugstore is close by.

Similar The drugstore is nearby.
Opposite The drugstore is far away.

59. Where is your house?

My house is nearby. **My house is far away.**

Similar My house is close by.

60. Where do you keep your son?

I keep my son close by.

Similar I keep my son nearby.
Opposite I keep my son away.

61. Where is a tree?

There is a tree **by the gate.**

Similar There is a tree near the gate. / There is a tree next to the gate.

---

62. Where does she sit?

She sits **by the fire.**

Similar She sits near the fire.

---

63. Where is the ship sailing?

The ship is sailing **by an iceberg.**

Similar The ship is sailing past an iceberg.

64. Where do you travel?

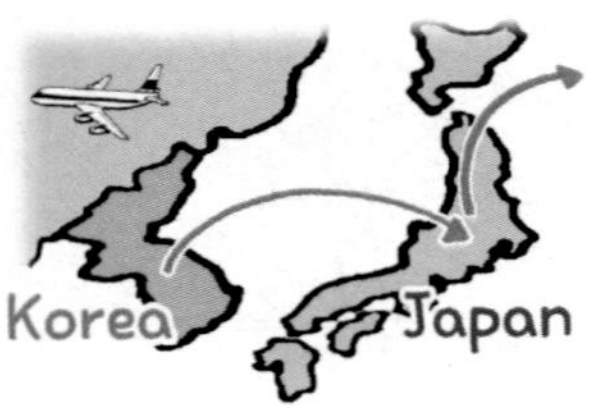

I travel by Japan.

Similar I travel through Japan.(more common) / I travel by way of Japan.

65. Where does the thief come in?

The thief comes in by the back door.

Similar The thief comes in from the back door.

Tips! 우리가 자동차의 '백미러'라고 부르는 영어는 원어민들은 'back door(뒷문)'처럼 뒤에 있는 거울이라고 생각하게 하는 콩글리시입니다. 백미러의 정식 명칭은 'rear view mirror'라고 다시 한 번 강조합니다.

66. How does he die?

He dies by poison.

Similar He dies of poison.(more common) / He dies from poison.

67. How is the window broken?

The window is **broken** **by a stone.**

Similar The window is broken with a stone.

---

68. How do you read books?

I read books **by lamp.**

Similar I read books by lamplight.

---

69. What do you seize the hammer by?

I seize **the hammer** **by the handle.**

Similar I grab the handle of the hammer.(more common) / I seize the handle of the hammer.

70. What time is it by your watch?

It's 2:30 by my watch.

Similar My watch says 2:30.(two thirty)

71. What surrounds the island?

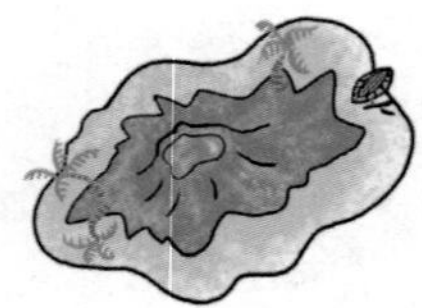

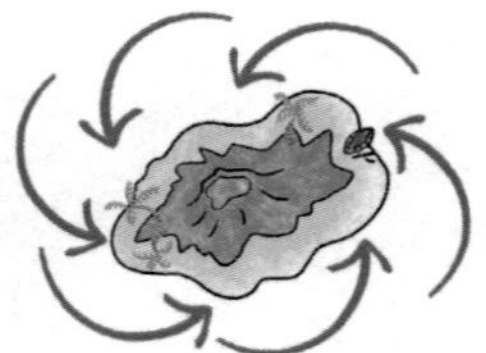

The island is surrounded by the sea.

Similar The island is surrounded by seas.

72. How do you sell things?

I sell things by auction.

Similar I sell things at auction.(more common)
Opposite I buy things at auction.

73. How did you pass the test?

I passed the test by working hard.

Similar I passed the exam by working hard.

74. How is the building destroyed?

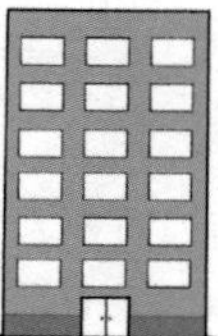

The building is destroyed by fire.

Similar The fire destroyed the building.

75. Who is the book written by?

This book is written by me.

Similar I wrote this book.

76. How many years is she your senior?

She is my senior by 10 years.

Similar She is 10 years my senior.
Opposite She is 10 years my junior.
Tips! 후배 또는 연하는 'junior'이며, 'She is my junior by 5 years' 식으로 표현할 수 있습니다.

01 Preview tips – over

1. 위치(위)를 나타내는 전치사 over
2. 건너서(가로질러서)의 의미를 나타내는 전치사 over
3. 여기저기에(도처에)를 나타내는 전치사 over
4. ~하는 동안을 나타내는 전치사 over
5. ~에 대한(~을 두고)을 나타내는 전치사 over
6. Over의 부사적 용법

02 Practice – over

01 Preview tips – over

1) 위치(위)를 나타내는 전치사 over

ⓐ [닿지 않게 근접한] ~위쪽에, ~바로 위에

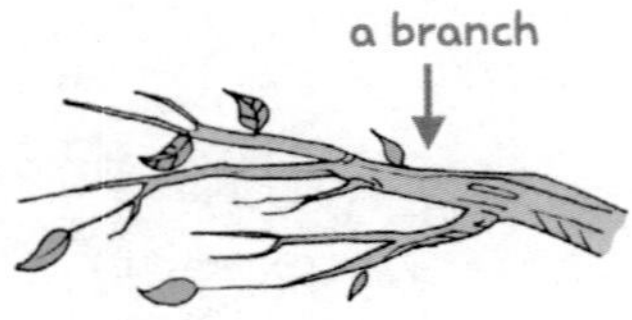

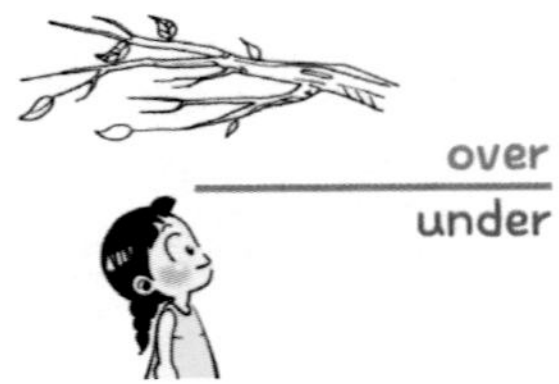

There is a branch over my head.

예시 I broil fish over the fire. There is a bridge over the river. The tree hangs over the water. I hold an umbrella over her.

ⓑ [사람, 사물이 덮이도록] ~위에

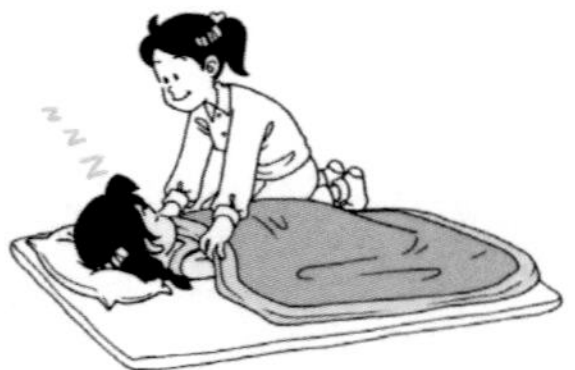

I put a blanket over the sleeping child.

예시 There is a blanket over the bed. There is a man with his hat over his eyes. She puts her hands over her mouth.

2) 건너서(가로질러서)의 의미를 나타내는 전치사 over

ⓐ ~을 넘어(건너), ~을 가로질러

There is a bank

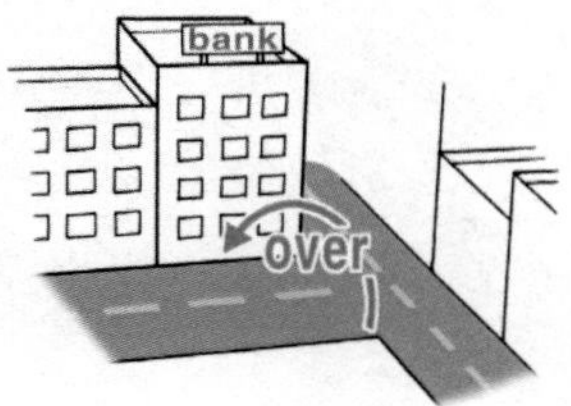

over the road.

예시 I run over the grass. There is a house over the river. I hand a glass over the table. The horse jumps over the fence.

3) 여기저기에(도처에)를 나타내는 전치사 over

ⓐ ~온 면에, 여기저기에, ~의 전부를

He travels

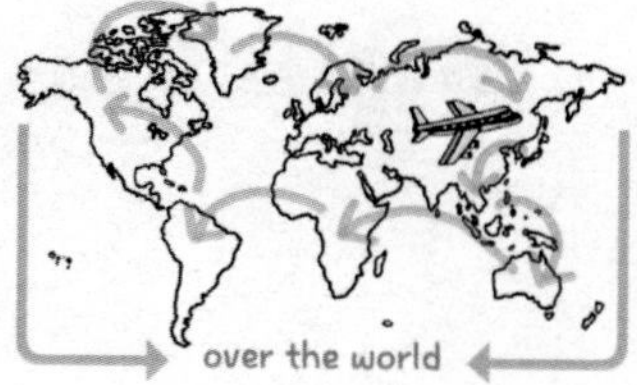

all over the world.

예시 She is looking over the map. I scatter papers over the floor. Snow is falling all over the country.

4) ~하는 동안을 나타내는 전치사 over

ⓐ ~하는 동안에, ~하면서

We talk

over coffee.

예시 I travel over the holidays. She sleeps over her work. We chat over cigars. We discuss it over lunch.

5) ~에 대한(~을 두고)을 나타내는 전치사 over

ⓐ ~에 대해서, ~을 두고

We talk

over the air pollution.

예시 She is crying over spilt milk.

6) Over의 부사적 용법

ⓐ 넘어(쓰러)지는, 떨어지는

The tree falls

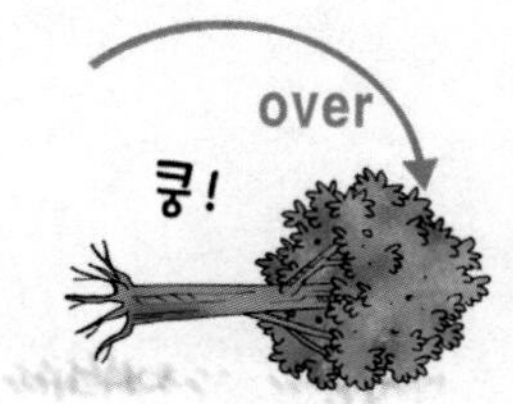

over.

예시 The wind blow the tree over. She knocks the thief over. She pushes me over.

ⓑ [거꾸로] 뒤집는, [뒷면으로] 넘기는

I turn

the pencil

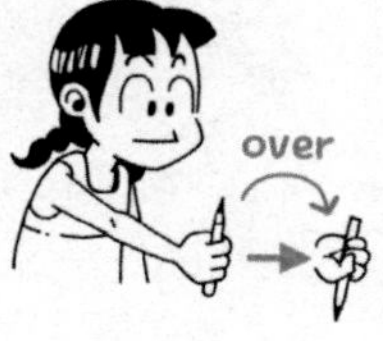

over.

예시 I turn over in bed. She turns a page over.

ⓒ [거리, 공간을] 넘어서, 저쪽(이쪽)으로

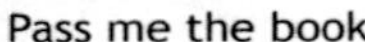

Pass me the book

over here.

예시 Come on over. I ask him to come over. She comes over. Why don't you come over?

ⓓ [처음부터] 끝까지, 완전히

I paint

the wall

over.

예시 I bend over all the way. I count the coins over. She reads the newspaper over. The lake is frozen over. I brush a/coat over.

ⓔ [계속] 되풀이하는

The car rolls over and over.

예시 I jump over and over.

ⓕ 끝이 난, 종료된

Winter is over.

예시 The war is over. The class is over at 3 o'clock.

⑨ ~이상, ~이 넘는, 지나친

He is polite.

He is being over polite.

예시 There are 5 people or over.

02 Practice – over

1. Where do you broil fish?

I broil fish over the fire.

Tips! 약불은 'over low fire(heat)'로 표현하고, 강불은 'over high fire(heat)' 그리고 중불은 'over medium fire(heat)'로 표현하면 됩니다. 'over slow fire'도 약한 불로 사용 되는 표현입니다. 'over' 대신에 'on'을 사용하기도 합니다.

2. Where is a bridge?

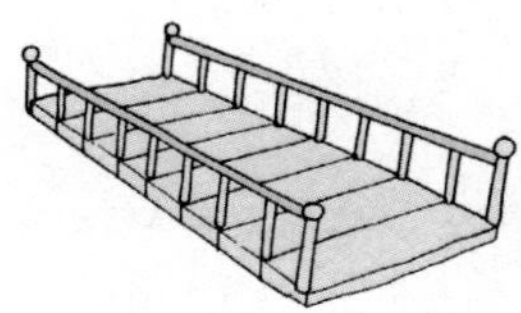

There is a bridge over the river.

Similar The bridge is over the river.(less common)

3. Where is a branch?

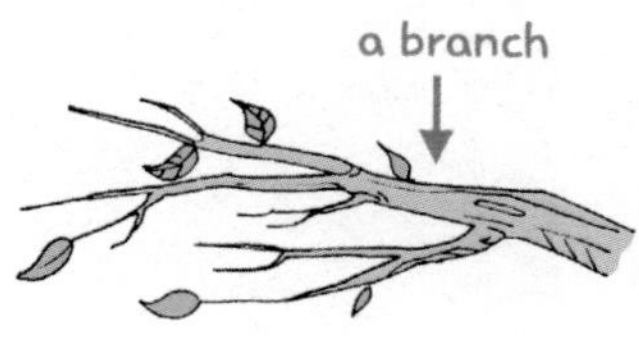

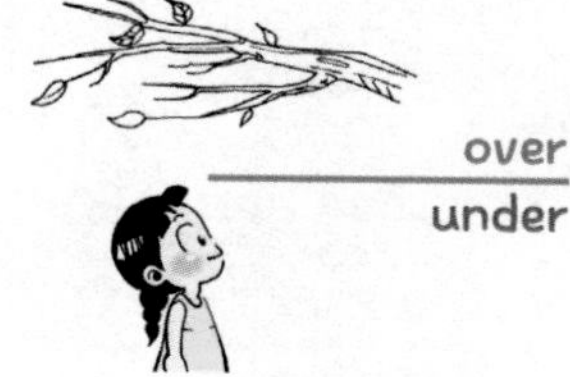

There is a branch over my head.

Similar There is a branch above my head. / The branch is over my head.(less common)
Opposite There is a branch below me.

4. Where does the tree hang?

The tree　　hangs　　over the water.

---

5. Where does the balcony jut out?

The balcony　　juts out　　over the street.

---

6. Where do you hold your umbrella?

I hold an umbrella　　over her.

Similar I hold over her an umbrella.
Opposite I don't share my umbrella with her.

7. Where is the water?

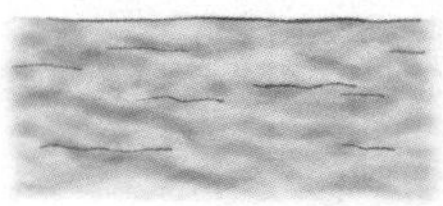

The water is over her knees.

Similar The water is above her knees.(more common)

8. What kind of man is there?

There is a man with his hat over his eyes.

Similar There is a man wearing his hat over his eyes.

9. Where does she hit you with a frying pan?

She hits me over the head with a frying pan.

Similar She hits me on the head with a frying pan.(more common) / She hits my head with a frying pan.(less common)

Tips! 우리나라 말로 '프라이팬'은 영어로 'frying pan'이라고도 하고 미국에서는 'frypan'으로도 많이 쓰입니다.

10. Where is a light hanging?

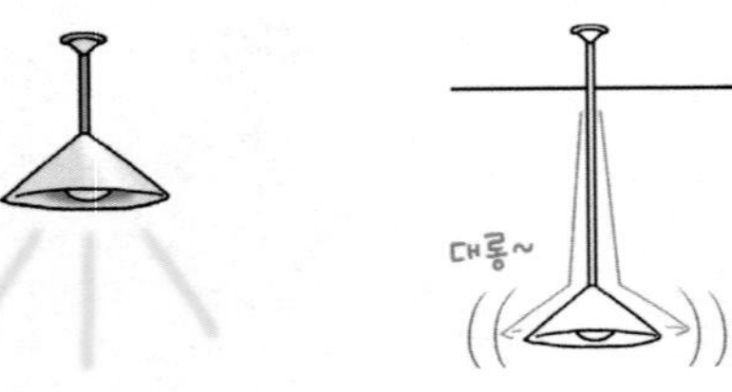

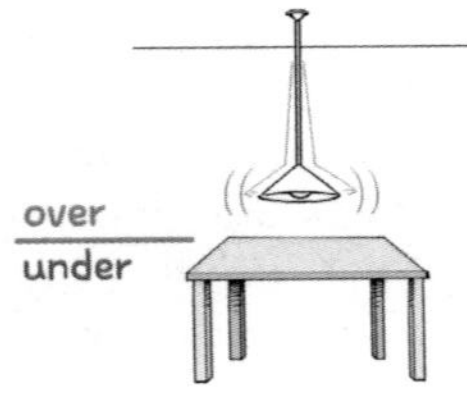

There is a light **hanging** **over the table.**

Similar There is a light hanging above the table.

---

11. What do you fall over?

I fall **over a rock.**

Similar I trip over a rock.(more common) / I trip on a rock and fall down.(common) / I stumble over a rock and fall down.

---

12. Where is a blanket?

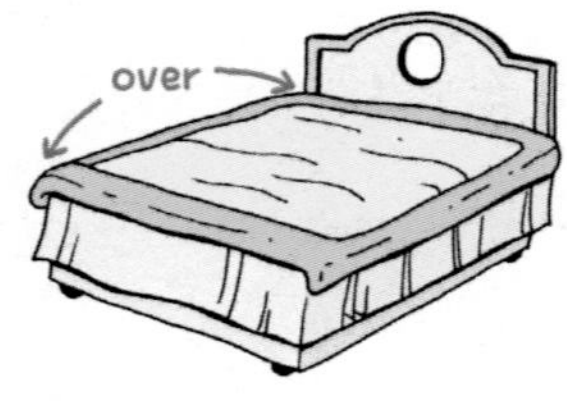

There is a blanket **over the bed.**

Similar There is a blanket on the bed.(more common) / There is a blanket covering the bed.

13. Who do you put a blanket over?

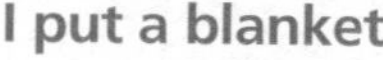
I put a blanket **over the sleeping child.**

Similar I cover the sleeping child with a blanket. / I tuck a blanket over the sleeping child.

---

14. Where does she put her hands?

She puts her hands **over her mouth.**

Similar She covers her mouth with her hands.

---

15. Where does she put her hands?

She puts her hands **over her ears.**

Similar She covers her ears with her hands.

16. How do you talk to him?

I talk to him **over my shoulder.**

Similar I tell him over my shoulder.(common) / I talk over my shoulder to him.

17. How do you look at him?

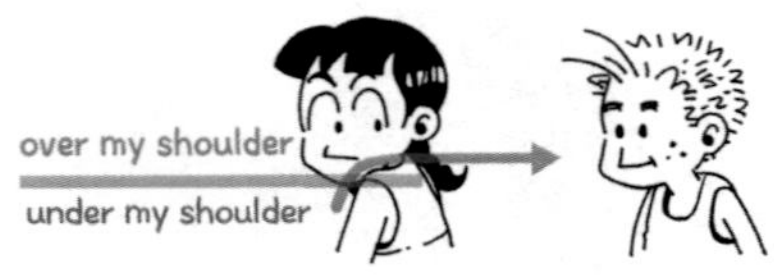

I look at him **over my shoulder.**

Similar I see him over my shoulder.(common) / I look over my shoulder at him.
Tips! 담 너머로 누군가를 보는 장면을 표현할 땐 'I'm looking at her over the wall'이라고 하면 됩니다.

18. What is she looking over?

She is looking **over the map.**

Similar She is running her eyes over the map.(common) / She glances her eyes over the map.
Opposite I take a close look at the map.
Tips! 'look over something'은 뭔가를 찬찬히 보기보다는 대강 훑어보는 의미에 가깝습니다. 주의 깊게 살펴본다는 표현은 'take a close look at something'이라고 하면 됩니다.

19. What does the horse jump over?

The horse jumps over the fence.

20. What does the car topple over?

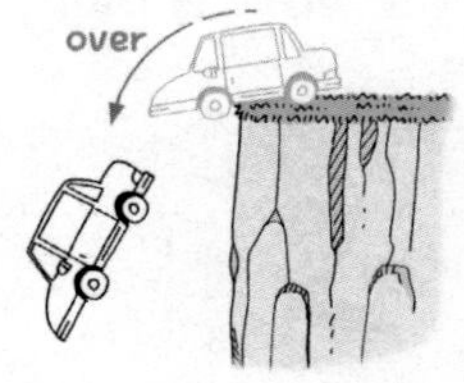

The car topples over the cliff.

21. Where does a rock fall?

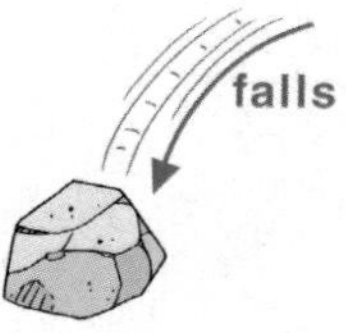

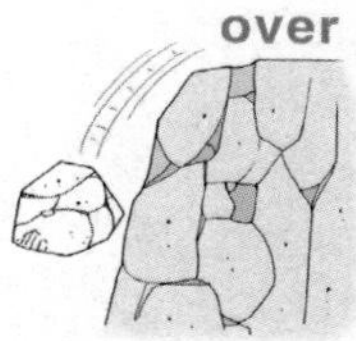

A rock falls over the cliff.

Similar A rock falls from the cliff.(common) / A rock falls off the cliff.

22. How many people is he the king over?

He is the king **over 300 people.**

Similar He is the king of 300 people.

---

23. What comes over her?

A drowsy feeling comes **over her.**

---

24. How wet is he?

He is wet **all over.**

Similar He is soaked. / He is drenched to the skin.

25. Where do you scatter papers?

I scatter papers over the floor.

Similar I scatter papers all over the floor.(more common)

26. Where does he travel?

He travels all over the world.

Similar He travels all around the world.(common) / He travels all around the globe.

27. What do you paint over?

I paint the wall over.

Similar I paint over the wall.(more common)
Opposite I peel the paint off the wall. / I strip the paint from the wall.

28. What do you count?

I count the coins over.

Similar I count all the coins.(more common) / I count over the coins.

---

29. What does she read over?

She reads the newspaper over.

Similar She reads the whole newspaper.(more common) / She reads over the newspaper.

---

30. How is the lake?

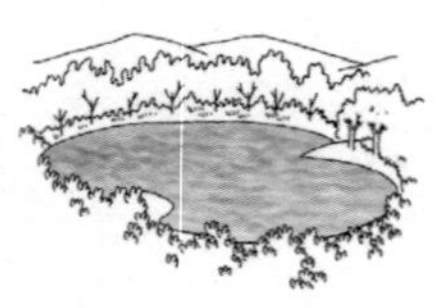
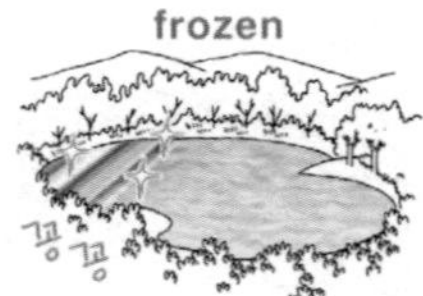

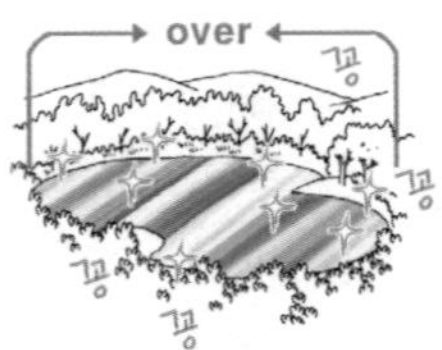

The lake is frozen over.

Similar The lake is frozen all over.

31. What do you brush?

I brush **a coat** **over.**

Similar I brush over the coat. / I brush a coat.

32. Where is snow falling?

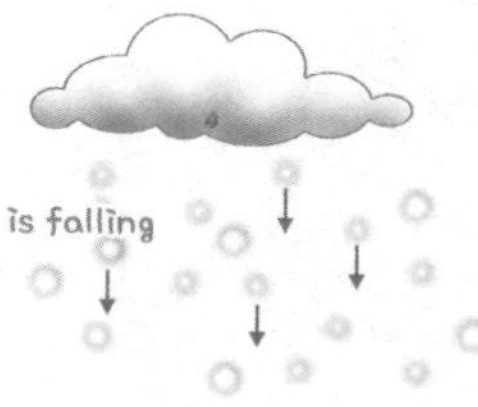

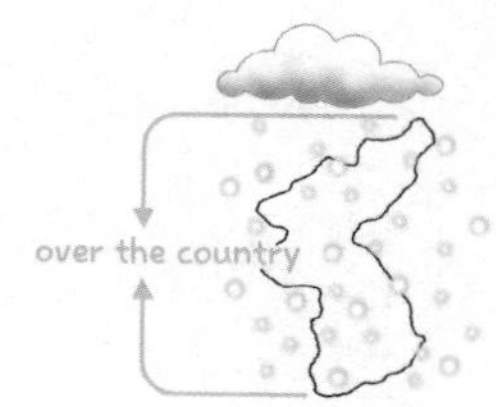

Snow is falling **all over the country.**

Similar Snow is falling throughout the country. / Snow is falling across the country.
Opposite The weather is nice all over the country.

33. What do you run over?

I run **over the grass.**

Similar I run on the grass.(more common)

34. Do you go straight over?

I stop and cross over.

Similar I stop and cross the street.

35. Where is a bank?

There is a bank over the road.

Similar There is a bank across the road.(common) / There is a bank across the street.(more common)

36. Where is a house?

There is a house over the river.

Similar There is a house across the river.(more common) / There is a house on the opposite side of the river.

37. Where do you hand a glass?

I hand a glass **over the table.**

Similar I hand him a glass across the table.(more common) / I hand a glass across the table.

---

38. Where do you go?

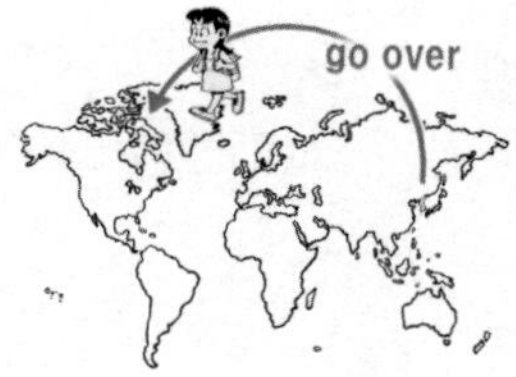

I go over **to Canada.**

Similar I travel to Canada.

---

39. What do you do?

I go over **and ask her name.**

Similar I go across the room and ask for her name.

40. When do you travel?

I travel **over the holidays.**

Similar I travel during the holidays.(common) / I travel during the vacation.

---

41. How many miles does he run every morning?

He runs **over 2 miles** **every morning.**

Similar He runs at least 2 miles every morning.

---

42. What are you talking over?

We talk **over the air pollution.**

Similar We talk about the air pollution.(common) / We discuss the air pollution.

43. What is she crying over?

She is crying over spilt milk.

Similar She is crying over spilled milk.
Tips! 'spill'은 과거, 과거분사 형이 'spilled, spilt' 모두 일상적으로 사용됩니다.

44. What is he sweating over?

He is sweating over that report.

Similar He is working hard on that report.

45. What does she sleep over?

She sleeps over her work.

Similar She falls asleep while she is at work. / She falls asleep at work.(common)

46. What do you chat over?

We chat over cigars.

Similar We talk over cigars. / We discuss over cigars.

Tips! 저녁을 같이 하면서 얘기하자고 할 때는 'Let's talk over dinner'라고 하면 되고, 커피를 한잔 마시면서 얘기하자고 할 때는 'Let's talk over coffee'라고 하면 됩니다.

47. What do you discuss it over?

We discuss it over lunch.

Similar We talk about it over lunch.

48. What do you talk over?

We talk over coffee.

Similar We talk over a cup of coffee.

49. How does she tell you about the accident?

She tells me **about the accident** **over the phone.**

Similar She tells me about the accident on the phone.(more common) / She tells me about the accident by phone.

50. Where do you hear the news?

I hear the news **over the radio.**

Similar I hear the news on the radio.(common) / I hear the news from the radio.

51. Where is the balloon?

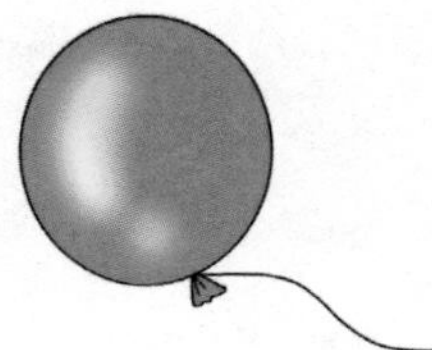

The balloon is **over my head.**

Similar The balloon is above my head.
Opposite The balloon is below me.

52. Where do the eaves hang?

The eaves **hang over the building.**

53. Where is your car?

My car is **over there.**

Opposite My car is over here.

54. Where do you put the box down?

I put the box down **over there.**

Opposite I move the box over here.

55. Where should I pass the book?

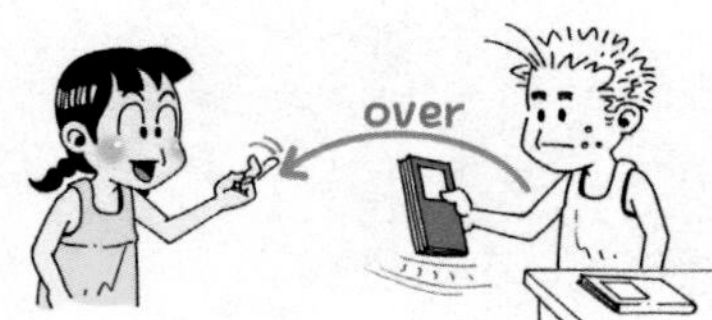

Pass me the book over here.

Similar Pass the book over here to me.

56. Where does she live?

She lives over by the building.

Similar She lives over near the building.(common) / She lives over there next to the building.

57. What do you ask him?

I ask him to come over.

Similar I ask him over.(common)
Opposite I ask him to go away.

58. Where should I go?

Come on over.

Similar Come on here. / Come here.
Opposite Go away.

59. Where does she come?

She comes over.

Similar She comes close to me.
Opposite She goes away from me.
Tips! 보통 오라고 하면 'Come!'이라고도 하지만 일반적으로 구어체에서는 'Come over!', 'Come over here!' 식으로 많이 사용합니다.

60. What do you say when you'd like someone to visit your house?

Why don't you come over?

Similar Why don't you come to my place?(more common) / Why don't you come to my house? / Why don't you visit me?
Tips! 이런 문장에서 우리나라식으로 'our place', 'our house'라고 하면 말을 듣는 상대방하고 같이 사는 집으로 생각될 수 있기 때문에 두 부부가 다른 사람을 초대할 때 'our place'라고 하는 것은 좋지만, 만약 한 남자가 같이 안 사는 다른 여자에게 'come to our house'라고 하면 실례가 되니 이런 표현은 조심해야 합니다.

61. How do you bend over?

I bend over **all the way.**

Similar I bend all the way over.(more common)

Tips! 'all the way'는 '처음부터 끝까지'라는 공간적인 의미를 가지고 있습니다. 'Press the button all the way down'은 '버튼을 끝까지 눌러라'라는 의미가 됩니다.

62. What does the robber say?

Hand over **the money!**

Similar Give me the money!

63. What falls over?

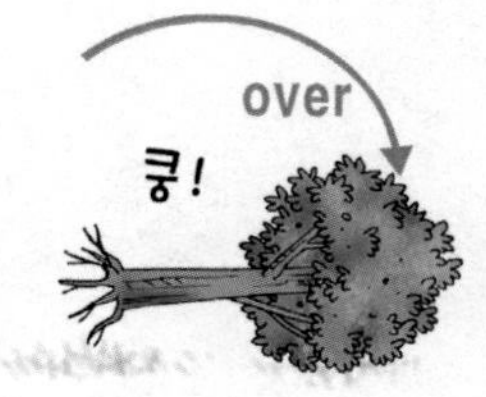

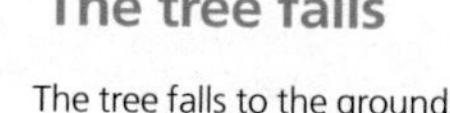

The tree falls **over.**

Similar The tree falls to the ground.

64. What does the wind blow over?

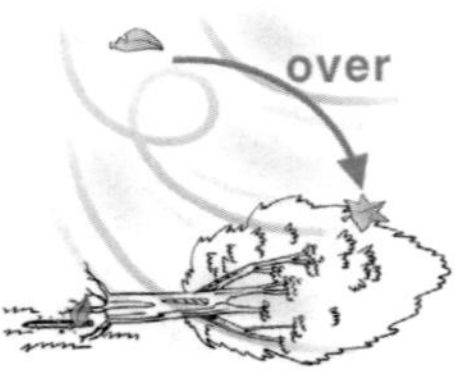

The wind blows **the tree** **over.**

Similar The wind blows over the tree.(more common) / The wind blows the tree down.(common)

65. What do you turn over?

I turn **the pencil** **over.**

Similar I turn the pencil upside down.
Opposite I turn the pencil right-side up.

66. Where do you turn over?

I turn over **in bed.**

Similar I toss and turn in bed. / I turn over and over in bed.
Opposite I sleep well all night. / I have a sound sleep all night. / I sleep like a baby all night. / I sleep like a rock.

67. What do you change?

I change the tires over to new ones.

Similar I change over the tires.

68. Who does she knock over?

She knocks the thief over.

Similar She knocks the thief down. / She knocks the thief flat.

69. What does she turn over?

She turns a page over.

Similar She turns over to the next page.

70. Who does she push over?

She pushes me **over.**

Similar She pushes me down.

---

71. How does the car roll?

The car rolls **over and over.**

Similar The car rolls over and over again.(common) / The car rolls over and again.

---

72. How many times do you jump?

I jump **over** **and over.**

Similar I jump over and over again.(common) / I jump many times over.

73. How many people are there?

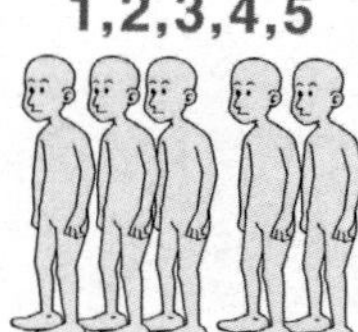

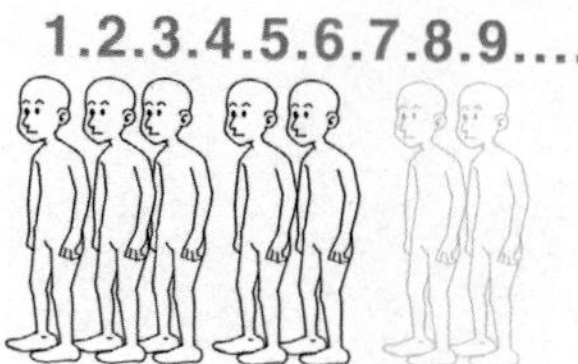

There are 5 people **or over.**

Similar There are probably over 5 people.

Tips! 'There are 5 people'이라고 하면 정확히 5명이 있는 것이지만 여기에 'or over'라고 붙이면 5명보다 더 많을 수도 있다는 것을 의미합니다.

74. How is he?

He is polite. / **He is being over polite.**

Opposite He is rude.

Similar He is being excessively polite.

75. What season is over?

Winter is **over.**

Similar Winter has gone. / Winter has ended.(common)

Opposite Winter has begun. / Winter has come.(common)

76. What is over?

THE END

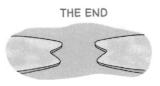

The war is over.

Similar The war has ended.
Opposite The war has begun.

---

77. When is the class over?

The class is over at 3 o'clock.

Similar The class ends at 3 o'clock.
Opposite The class begins at 3 o'clock. / The class starts at 3.

01 Preview tips - of

1. 분리(떨어짐)를 나타내는 전치사 of
2. 기원(출처)을 나타내는 전치사 of
3. 원인과 이유를 나타내는 전치사 of
4. 재료(구성요소)를 나타내는 전치사 of
5. 소유(소속, 관계)를 나타내는 전치사 of
6. 분량(용기, 구성원)을 나타내는 전치사 of

02 Practice - of

01 Preview tips – of

1) 분리(떨어짐)를 나타내는 전치사 of

ⓐ [거리, 위치, 시간] ~에서, ~ 떨어진

The bus stop is

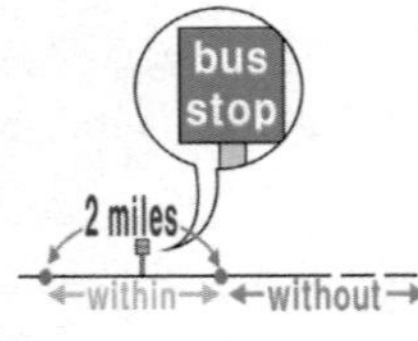

within 2 miles

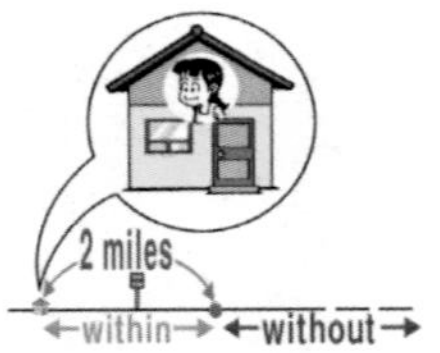

of my house.

예시 I stop short of the door. within a few days of my birthday.

2) 기원(출처)을 나타내는 전치사 of

ⓐ ~으로부터

The stone comes

out of the wall.

예시 She drinks out of the spring.

3) 원인과 이유를 나타내는 전치사 of

ⓐ ~때문에, ~으로

He died

of cancer.

4) 재료(구성요소)를 나타내는 전치사 of

ⓐ ~으로(만든), ~으로(이루어진)

This statue is

made of gold.

예시 There is a house of block. There is a ball of string. There is a bridge made out of wood.

5) 소유(소속, 관계)를 나타내는 전치사 of

ⓐ ~의, ~에 속하는,

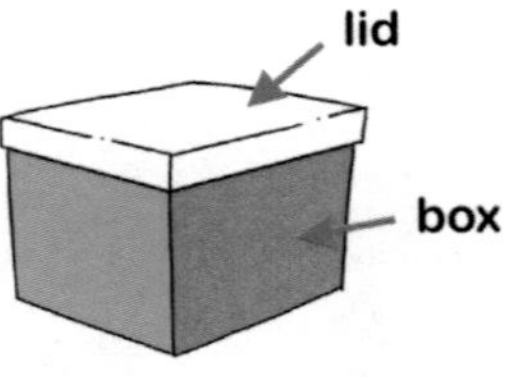

This is the lid of the box.

예시 This is a map of Seoul. This is a photo of my dog. I throw out the old bike of John's. He is a friend of mine.

6) 분량(용기, 구성원)을 나타내는 전치사 of

ⓐ ~의

I give her 2 kilos of potatoes.

예시 There is a family of 5. There are 4 of us. This is a bottle of beer. There is a basket of fruit.

02 Practice - of

1. Where is the tree?

The tree is **on the left side** **of the river.**

Opposite The tree is on the right side of the river.

---

2. What kind of teacher is she?

of English.

Similar She is an English teacher.

---

3. Where is he?

of the mountain.

Similar He is on top of the mountain.

Tips! 'at the top of the mountain'의 형태는 가능하지만, 'on'은 'on top of the mountain'의 형태로 대부분 사용된다는 것을 알아 두세요.

4. What is he the owner of?

He is the owner of the house.

Similar He is the house owner.

5. What kind of house is there?

There is a house of brick.

Similar There is a brick house.(more common) / There is a house made out of brick.

6. What kind of bridge is there?

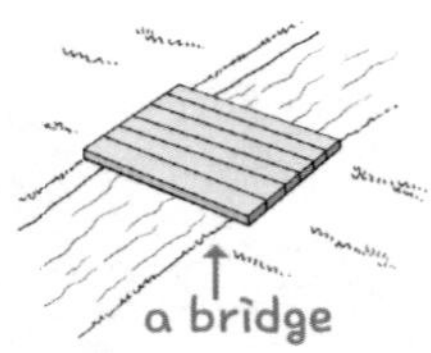

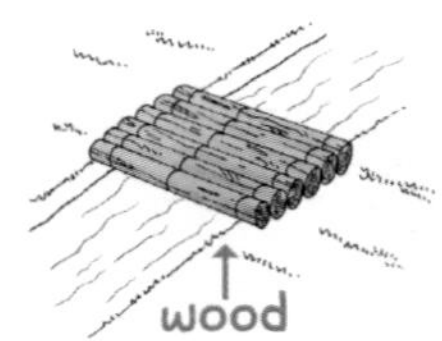

There is a bridge made out of wood.

Similar There is a wood bridge.(more common) / There is a bridge of wood.

Tips! similar 문장에 표현된 'wood bridge'는 'wooden bridge'라고 해도 됩니다. 'wood box, wooden box' 모두 같은 의미가 됩니다.

7. What photo is this?

This is a photo of my dog.

Similar This is a picture of my dog.

8. What lid is this?

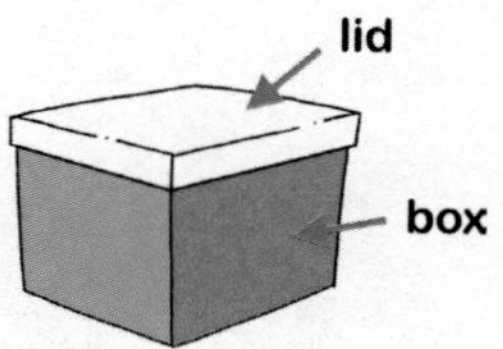

This is the lid of the box.

Similar This is the box top.

9. What map is this?

This is a map of Seoul.

10. What is that howling?

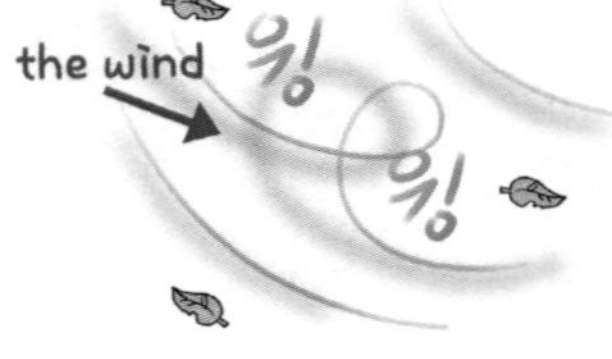

There is the howling of the wind.

Similar The wind is howling.
Opposite The wind is calming down.

11. What kind of basket is there?

There is a basket of fruit.

Similar There is a fruit basket.

12. What is this?

This is a blade of grass.

Tips! 'a blade'는 칼날을 의미합니다. 'a blade of grass'라고 하면 칼날처럼 보이는 풀 잎사귀를 의미합니다.

13. What kind of bottle is there?

There is a bottle of beer.

Similar There is a beer bottle.

14. What do you give her?

I give her 2 kilos of potatoes.

Similar I give 2 kilos of potatoes to her.

15. What is on the table?

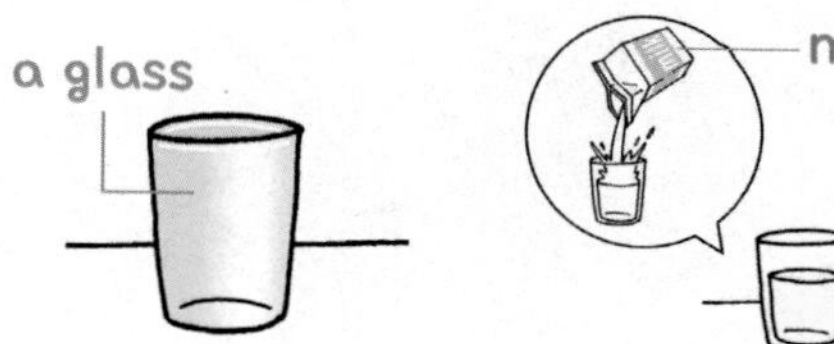

There is a glass of milk on the table.

Similar A glass of milk is on the table.

16. What kind of family is there?

There is a family

of 5.

Similar The family consists of five people.

---

17. When do we have a party?

We have a party **in the month of July.**

Similar We have a party during the month of July.

---

18. Where are you going?

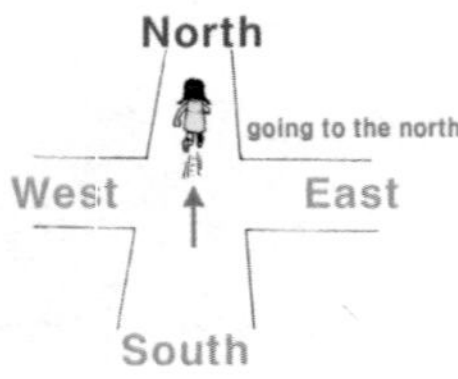

I am going to the north

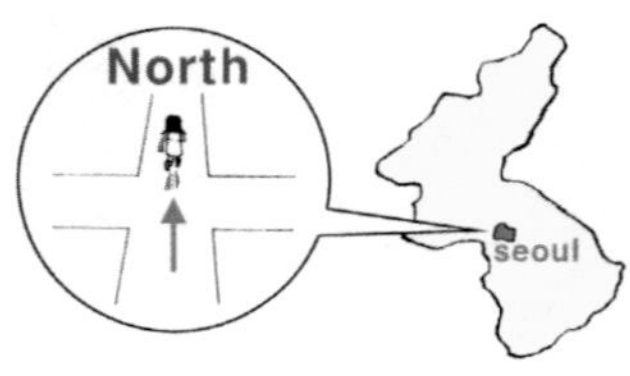

of Seoul.

Similar I am going north of Seoul.(more common)

19. How did he die?

He died of cancer.

Similar He died from cancer.(common) / He died because of cancer.

20. What does the thief rob from you?

The thief robs me of my purse.

Similar The thief stole my purse from me.(more common)

21. How many of us are there?

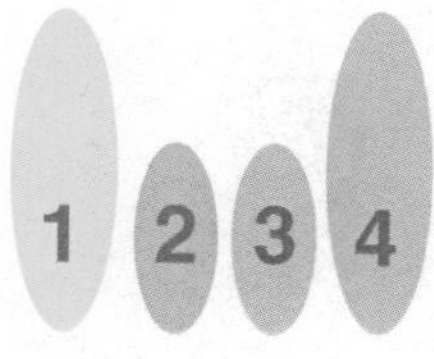

There are 4 of us.

22. How does the door open?

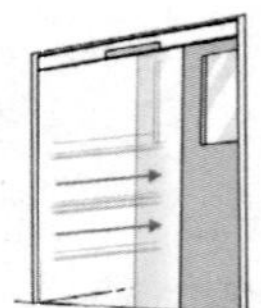

The door opens of itself.

Similar The door opens automatically.(more common) / The door opens by itself. / The door opens itself.

23. Where do you stop?

I stop short of the door.

Similar I stop a few steps away from the door.
Opposite I pass by the door.

24. How many do you choose?

I choose 2 out of 5.

Similar I select 2 out of 5.
Tips! 이 문장을 응용해서 '5판 3승'이라고 표현하려면 'Three out of five'라고 하면 됩니다.

25. What is the statue made of?

This statue is made of gold.

Similar The statue is made out of gold. / That is the gold statue.

26. What trees are there?

There are trees of my planting.

Similar There are trees I planted.

27. What do you do on the road?

I clear the road of snow.

Similar I clear the street of snow.(common) / I clear snow from the road.

28. What does she think of him?

She thinks well of him.

Similar She has a good opinion of him. / She thinks highly of him.

---

29. How do you thank someone for their help?

It is very kind of you to help me.

Similar How kind of you to help me.(common) / It's very nice of you to help me. / Thank you for helping me.(more common)

---

30. What time is it?

It's a quarter of 10.

Similar It's fifteen to 10. / It's a quarter to 10.(more common)

31. Who is beloved by all?

She is beloved **of all.**

Similar She is loved by all.(more common) / She is beloved by all. / She is adored by all.

32. Who is he?

He is a friend **of mine.**

Similar He is my friend.

33. What do you throw out?

I throw out **the old bike** **of John's.**

Similar I throw out John's old bike. / I throw away the old bike of John's.(common)

34. What date is it today?

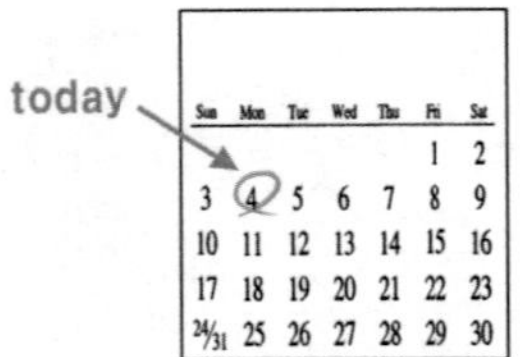

7 (July)

Today is the 4th(fourth) **of July.**

Similar Today is July 4th.

---

35. What kind of ball is there?

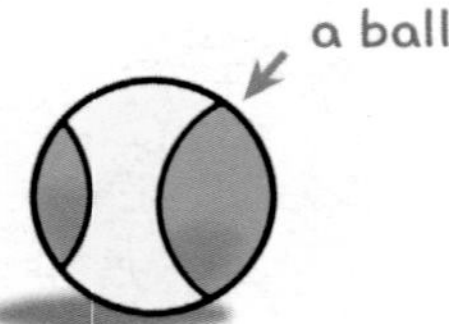

There is a ball **of string.**

---

36. How much of an increase is there?

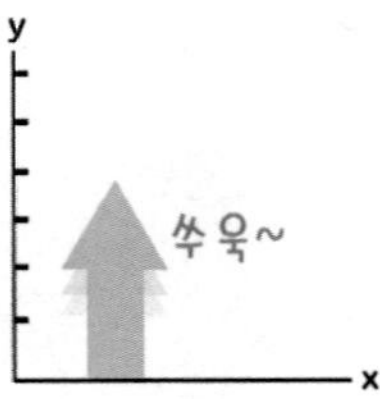

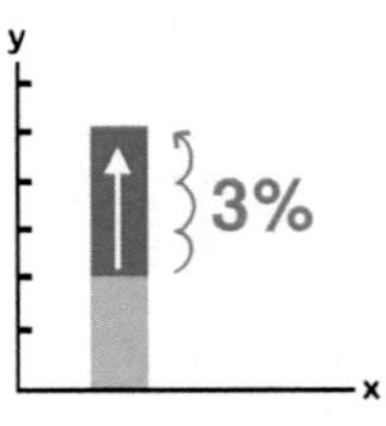

There is an increase **of 3 percent.**

Similar There is a three percent increase.
Opposite There is a three percent decrease.

37. Where does the stone come out of?

The stone comes **out of the wall.**

Similar The stone comes off the wall.

---

38. Where does she drink from?

She drinks **out of the spring.**

Similar She drinks from the spring.(more common) / She drinks water from the spring.

---

39. How far is the bus stop?

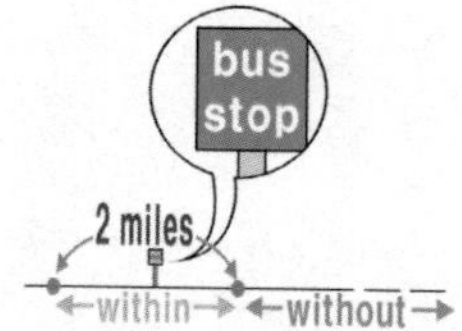

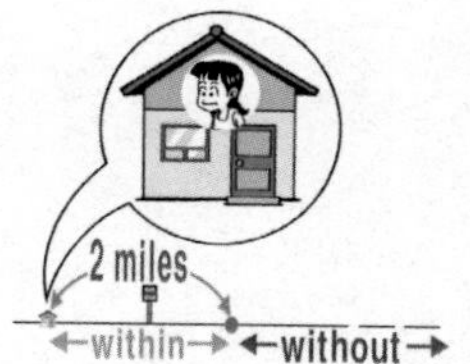

The bus stop is **within 2 miles** **of my house.**

Similar The bus stop is within 2 miles from my house.(more common)

40. What is she afraid of?

She is afraid **of snakes.**

Similar I have a fear of snakes. / I am scared of snakes.(common) / I have a phobia of snakes.

---

41. What is she jealous of?

She is jealous **of his new car.**

Similar She feels jealous of his new car. / She becomes jealous of his new car.

8. Off

01 Preview tips - off

1. 고정(부착)된 것으로부터 분리를 나타내는 전치사 off
2. 기준(목표)에서 벗어남을 나타내는 전치사 off
3. 떨어진 위치(장소)를 나타내는 전치사 off
4. 일(활동상태)을 나타내는 전치사 off
5. Off의 부사적 용법

02 Practice - off

01 Preview tips – off

1) 고정(부착)된 것으로부터 분리를 나타내는 전치사 off

ⓐ ~에서 (떨어져, 내려)

She falls off the ladder.

예시 I get off the plane. I get off the horse. A nail come off the wall. I take the dishes off the table.

2) 기준(목표)에서 벗어남을 나타내는 전치사 off

ⓐ ~에서 벗어나

The shot goes off target.

예시 He is off balance. The car is off the road. This is an off ramp.

3) 떨어진 위치(장소)를 나타내는 전치사 off

ⓐ ~에서 떨어져

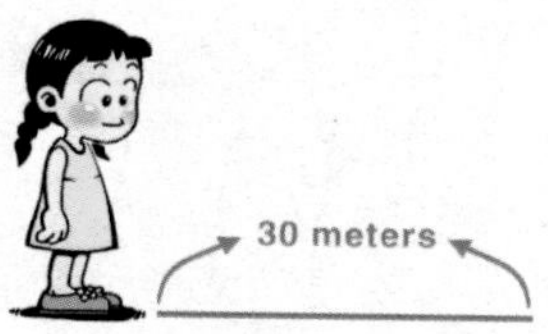

I am 30 meters off the summit.

예시 Keep off the grass.

4) 일(활동상태)을 나타내는 전치사 off

ⓐ [일, 행위 등을] 쉬는, 그만두는

She is off duty.

She is on duty.

예시 He is off smoking. He is off gambling.

5) Off의 부사적 용법

ⓐ [분리] 떨어져, 분리되어

One button

comes off.

예시 I put down the bottle with the top off. I cut the branch off. I shave my beard off. The paint is peeling off.

ⓑ [이동, 방향] 멀리, 떠나

He runs

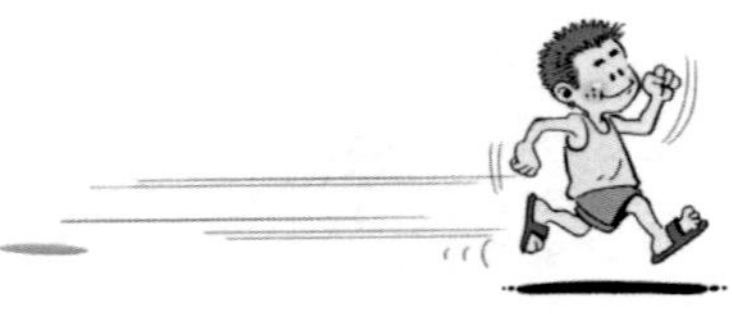

off.

예시 A bird flies off. The airplane is taking off.

ⓒ [시간, 공간적으로 떨어져 있는] 떨어져, 사이를 두고

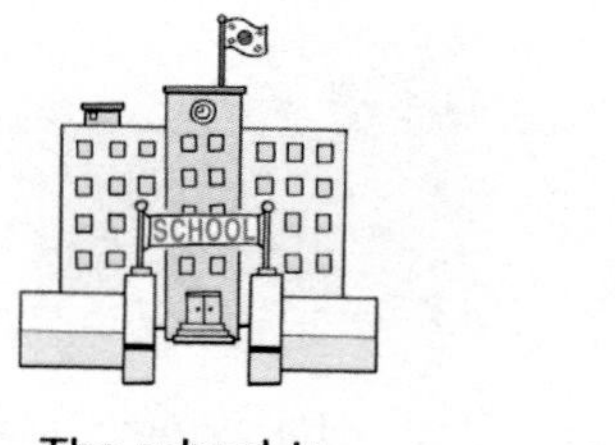

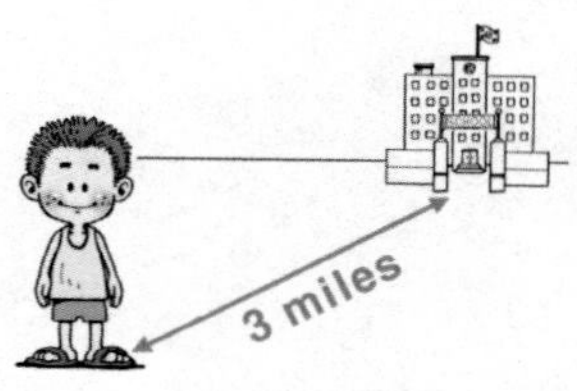

The school is 3 miles off.

예시 Winter is 4 months off. The building is 3 miles off from my house.

ⓓ [연결, 작동의 중지] ~끄는, 잠그는

I switch off the light.

예시 The water is off. I turn off the TV. I turn off the radio.

ⓔ [일, 근무 등을] 쉬는

I take a day off.

I take 2 days off.

예시 I'm off for the morning.

ⓕ [동작의 완료, 마무리] ~ 해 버리는, 완전히, 끝까지

I clear the table.

I clear off the table.

02 Practice - off

1. What do you get off?

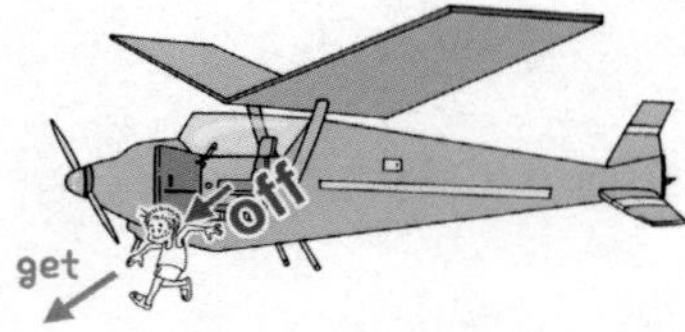

I get **off the plane.**

Similar I get out of the plane.
Opposite I get on the plane.

2. What do you get off?

I get **off the horse.**

Similar I dismount the horse.(formal) / I get down from the horse.
Opposite I get on the horse.

3. Where do you fall?

I fall **off the horse.**

Similar I fall from the horse. / I fall from the back of the horse.

4. Where does she fall?

She falls off the ladder.

Similar She falls from the ladder.

5. What comes off the wall?

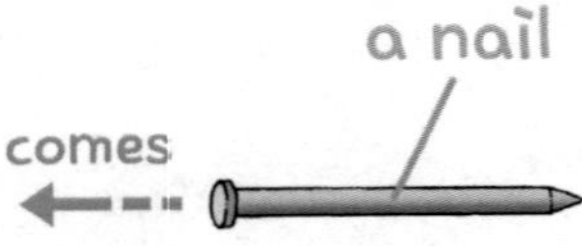

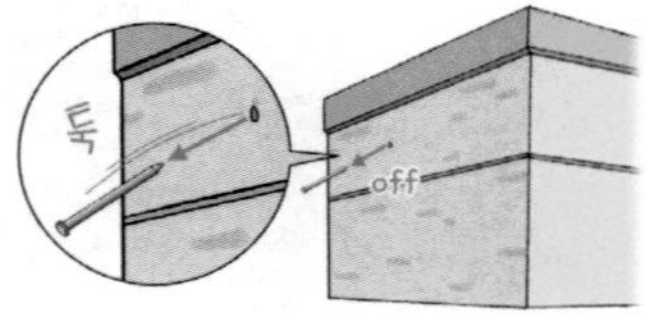

A nail comes off the wall.

Similar A nail comes out of the wall.

6. What comes off?

One button comes off.

Similar One button is off my shirt. / One button falls off my shirt.

7. Where do you hear the news?

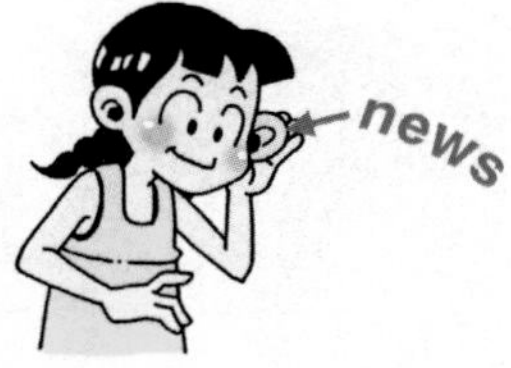

I hear the news off the radio.

Similar I hear the news on the radio.(more common) / I hear the news from the radio.

---

8. Who do you buy the laptop from?

I buy the laptop off my friend.

Similar I buy the laptop from my friend.(more common).
Opposite I sell the laptop to my friend.

---

9. What does she take off the table?

She takes the dishes off the table.

Similar She takes the dishes from the table.
Opposite She brings the dishes to the table.

10. What do you take off?

I take the top **off the bottle.**

Opposite I put the top back on the bottle.(common) / I replace the cap on the bottle. / I replace the top on the bottle.

---

11. How far are you from the summit?

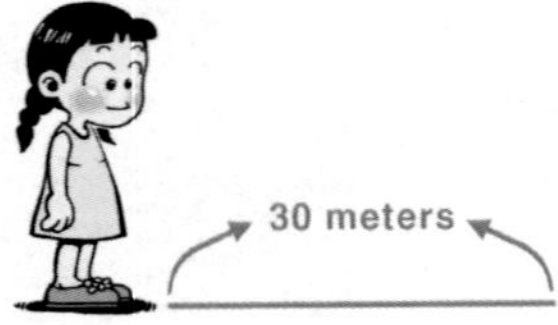

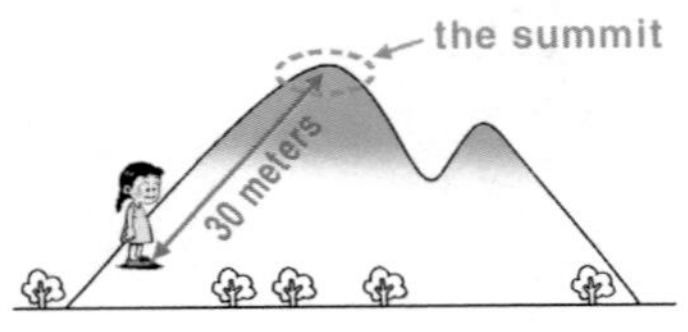

I am 30 meters **off the summit.**

Similar I am 30 meters away from the summit.(more common)

---

12. Can I go on the grass?

Keep **off the grass.**

Similar Keep off the lawn. / Keep out.(common) / Don't get in.

13. What do you put down with the top off?

I put down the bottle **with the top off.**

Opposite I take the bottle with the top on.

14. How do you leave the toothpaste?

I leave the toothpaste **with the top off.**

Opposite I leave the toothpaste with the top on.

15. What do you cut off?

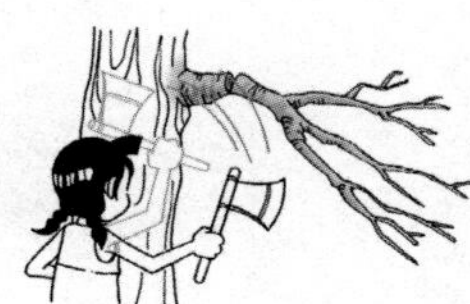

off

I cut **the branch** **off.**

Similar I cut off the branch.(common) / I chop off the branch.

16. What do you shave off?

I shave my beard off.

Similar I shave off my beard.

---

17. What street is this?

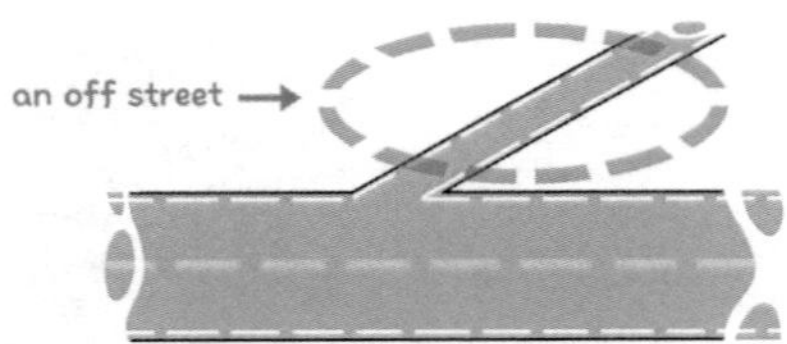

This is an off-ramp.

Similar This is a side street.(more common)

---

18. Where is the car?

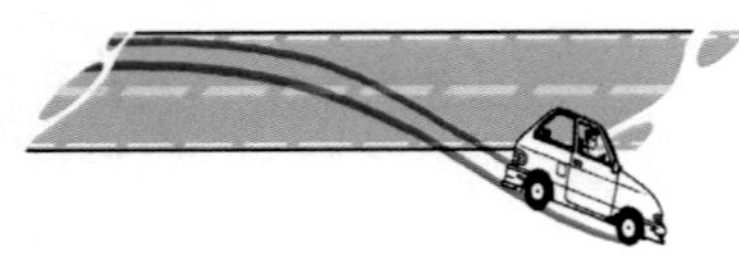

The car is off the road.

Opposite The car is on the road.

19. Where does the road branch off to?

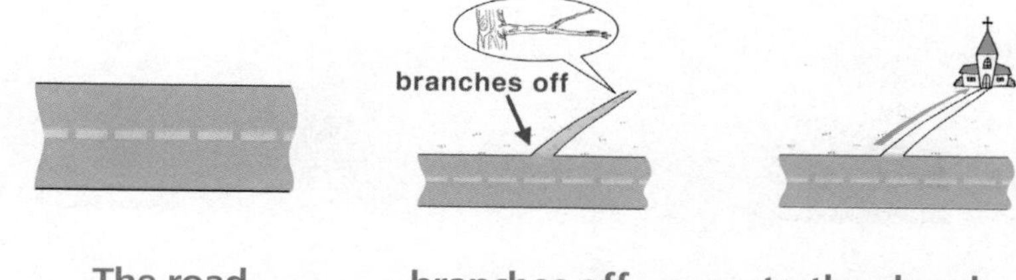

The road branches off to the church.

20. Who does the horse shake off?

The horse shakes her off.

21. What does the dog shake off?

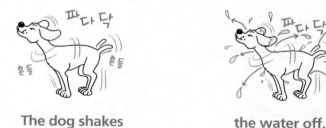

The dog shakes the water off.

Similar The dog shakes off the water.

22. Who runs off?

He runs **off.**

Similar He runs away.

Tips! 'He runs'라고 해도 달려간다는 의미가 있지만 'off'를 추가하면 '달려서 멀리 가버린다'는 의미를 추가로 만들어 줍니다. 'walk off', 'fly off' 등의 표현으로도 응용 가능합니다.

---

23. What flies off?

A bird **flies** **off.**

Similar A bird flies away.

---

24. What is the airplane doing?

The airplane is **taking off.**

Similar The plane is leaving.

Opposite The airplane is landing.

25. Where does she move off toward?

She moves off **toward the door.**

Similar She moves off towards the door.(more common) / She goes off towards the door.(common) / She goes off toward the door.

26. Who do you send off?

I send her off **on a trip.**

Similar I see her off on a trip.(common)

27. How is their relationship?

Their relationship is **off.**

Similar He is done with her. / He broke up with her.
Opposite They are getting along well with each other.

28. What do you take off?

I take my hat off.

Similar I take off my hat.
Opposite I put on my hat. / I put my hat on.

29. How is the paint?

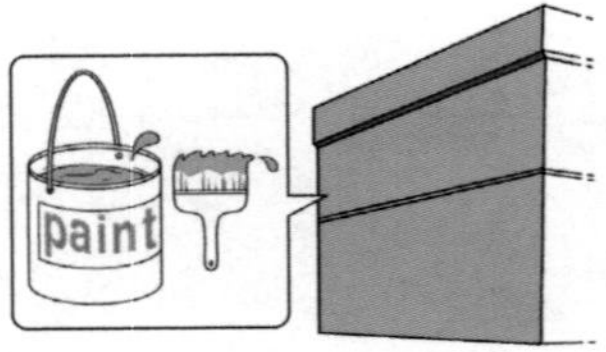

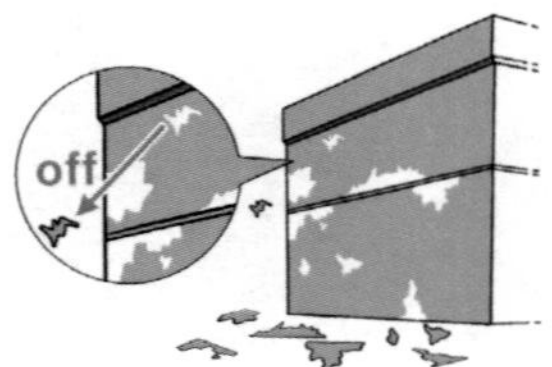

The paint is peeling off.

30. What percent do you get off on a chair?

I get 20 percent off on a chair.

Similar I buy a chair for 20 percent off. / I get 20% off for a chair.(common)

31. When is winter?

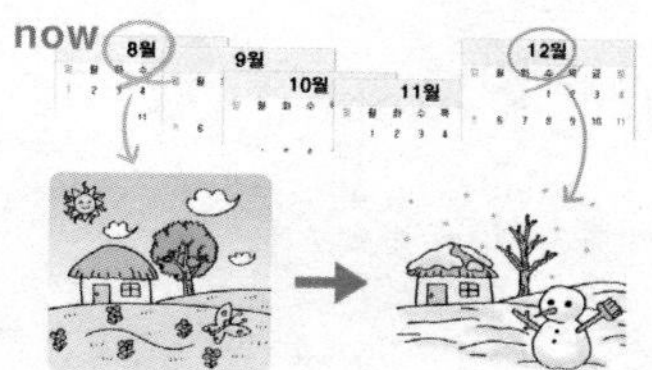

Winter is **4 months off.**

Similar Winter is 4 months away.

---

32. How far is the school?

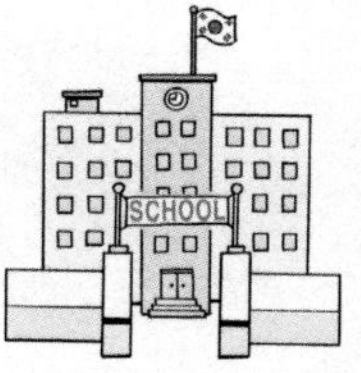

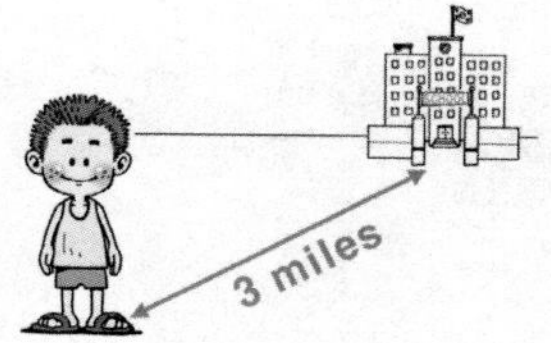

The school is **3 miles off.**

Similar The school is 3 miles away.

---

33. How far is the building from your house?

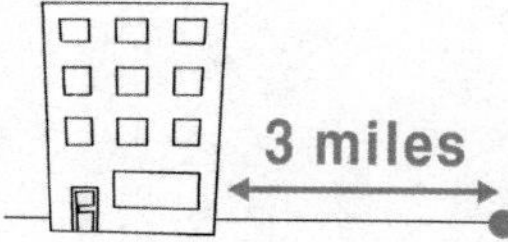

The building is **3 miles off** **from my house.**

Similar The building is 3 miles away from my house.

34. How far do you back off?

I back off **7 feet.**

Similar I back up 7 feet.

35. What do you switch off?

I switch off **the light.**

Similar I switch the light off. / I turn off the light.(common)
Opposite I switch on the light. / I turn on the light.(common)

36. What do you switch on?

I switch on **the light.**

Similar I switch the light on. / I turn on the light.(common)
Opposite I switch off the light. / I turn off the light.(common)

37. How is the water?

The water is **off.**

Opposite The water is on.

---

38. What do you turn off?

I turn off **the TV.**

Similar I turn the TV off.
Opposite I turn on the TV.

---

39. What do you turn off?

I turn off **the radio.**

Similar I turn the radio off.
Opposite I turn the radio on.

40. How many days do you take off?

I take a day off. / I take 2 days off.

---

41. When are you off?

I am off for the morning.

Similar I am free in the morning.

---

42. How is the headache?

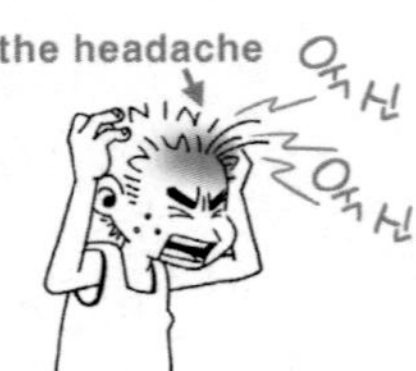

The headache passes off.

Similar The headache goes away.(more common)
Opposite The headache comes. / I get a headache.

43. What do you kill?

I kill the rats. / I kill off the rats.

44. What do you clear?

I clear the table. / I clear off the table.

45. Who comes off a winner?

The boxer comes off a winner.

Similar The boxer comes off a victor. / The boxer wins a victory.

Tips! 'He comes off a loser'와 'come off'는 'happen' 또는 'come true'와 같은 의미를 가지는데 위의 문장에서는 'come true'의 의미로 사용되었으며, 어떤 일이 실현되는 것을 의미합니다.

46. What is she dashing off?

She is dashing off

the letter.

Similar She's writing a letter quickly.

47. How do you mark the line?

I mark the line off

into 4 parts.

Similar I divide the line into 4 parts.

48. What do you say when someone is angry?

Cool off!

Similar Take it easy.(common) / Calm down.(common) / Cool yourself off. / Cool your temper.

49. What drops off?

The number of birds=7

drops off
7
4
3
2
:

The number of birds **drops off.**

Similar The number of birds tapers off.(formal) / The number of birds decrease.(common) / There is a fall in the number of birds.

---

50. What does she do?

She dozes off. / **She drops off.**

Tips! 'She dozes over a book'이라고 하면 책을 읽다가 조는 것을 말하고 'She dozes over her work'는 일을 하면서 조는 것을 말합니다.

---

51. How is he?

He is **off balance.**

Similar He loses his balance.(common) / He is off his balance. / He is out of balance.
Opposite He keeps his balance.(common) / He preserves his balance.

52. Where does the shot go?

The shot goes off target.

Similar The shot is off target. / The shot misses the target.(common) / The shot goes wide of the target.
Opposite The shot goes on target.

53. How is he?

He is off his head.

Similar He is crazy.(more common) / He is nuts. / He is insane.
Opposite He is sane.

54. What is he off?

He is off smoking.

Similar He doesn't smoke anymore.(more common) / He stops smoking.

55. What is he off?

He is off gambling.

Similar He doesn't gamble anymore.(more common) / He stops gambling.

---

56. What is he off?

He is off liquor.

Similar He is off drinking.(more common) / He stops drinking.(common)
Tips! 'liquor'라는 단어 대신에 'drinking'을 보편적으로 많이 사용합니다.

---

57. Where is she?

She is off duty. / **She is on duty.**

Similar She is off today. / Today is her day off.

58. How does the milk smell?

The milk smells off.

Similar The milk smells bad.(more common) / The milk smells funny.(common) / The milk smells weird.
Opposite The milk smells good.

---

59. How is the fish smell?

The fish is off.

Similar The fish smells bad.(more common) / The fish has gone bad.(common) / The fish smells funny.(informal) / The fish smells weird.

01 Preview tips – behind

1. 위치(~의 뒤에)를 나타내는 전치사 behind
2. 때 늦은(뒤떨어진)을 나타내는 전치사 behind
3. Behind의 부사적, 명사적 용법

02 Practice - behind

01 Preview tips – behind

1) 위치(~의 뒤에)를 나타내는 전치사 behind

ⓐ ~위 뒤에, ~의 이면에

There is a tree

behind the house.

예시 He hides behind the door. A tiger comes out from behind the tree. He is 3 meters behind her. The sun disappears behind the clouds.

2) 때 늦은(뒤떨어진)을 나타내는 전치사 behind

ⓐ [예정 시각] ~에 뒤늦은

He arrives

20 minutes behind schedule.

예시 She arrives 2 hours behind schedule. The bus arrives 15 minutes behind schedule. He arrives behind schedule for our appointment.

ⓑ ~보다 뒤떨어지는

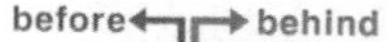

He is behind her in English.

예시 He is behind her in rank. She is third behind him.

ⓒ [시대에] 뒤떨어진

He is behind the times.

3) Behind의 부사적, 명사적 용법

ⓐ [장소, 위치] 뒤에, 후방에

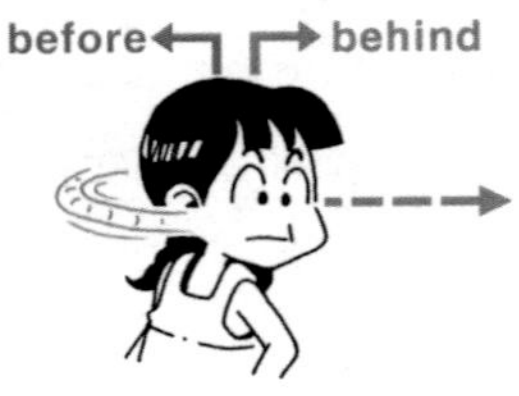

She looks behind.

예시 He falls behind. She passes the book to the man behind. She grabs his shoulder from behind.

ⓑ 뒤에, 뒤떨어진

She is behind.

She is a long way behind.

예시 She remains behind.

ⓒ [있던 곳에 그대로] 남겨둔

She leaves behind her umbrella.

ⓓ [때, 시간이] 늦은

The red clock is 10 minutes behind.

ⓔ 뒤, 등, 엉덩이

She falls on her behind.

예시 The dog bites him on his behind. She slaps him on his behind.

02 Practice - behind

1. How does he fall?

He falls **behind.**

Similar He falls backwards.(common) / He falls on his back.
Opposite He falls forwards.(common) / He falls on his face.

---

2. Where does she look?

She looks **behind.**

Similar She looks back.(more common) / She watches her back. / She looks at her back.(common)
Opposite She looks forwards.(common) / She look straight ahead.

---

3. Where does he glance?

He glances **behind him.**

Similar He glances back.(common) / He looks back briefly. / He looks back quickly.

4. Where is he sitting?

He is sitting behind her.

Opposite He is sitting before her. / He is sitting in front of her.(more common)

5. Who does she pass the book to?

She passes the book to the man behind.

Similar She passes the book to the man behind her.(common)

Opposite She passes the book to the man in front of her.(common) / She passes the book to the man in front.

6. What does she grab?

She grabs his shoulder from behind.

Similar She holds his shoulder from behind.

7. Where does a tiger come out from?

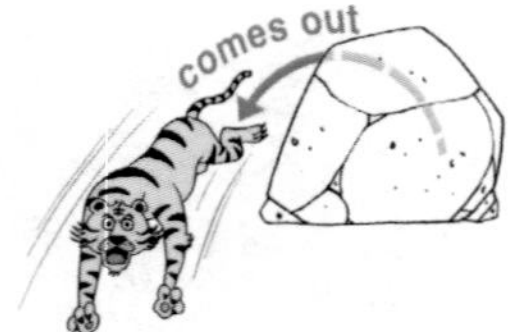

A tiger comes out from behind the tree.

Similar A tiger appears from behind the tree. / A tiger steps out from behind the tree.

---

8. Where is she?

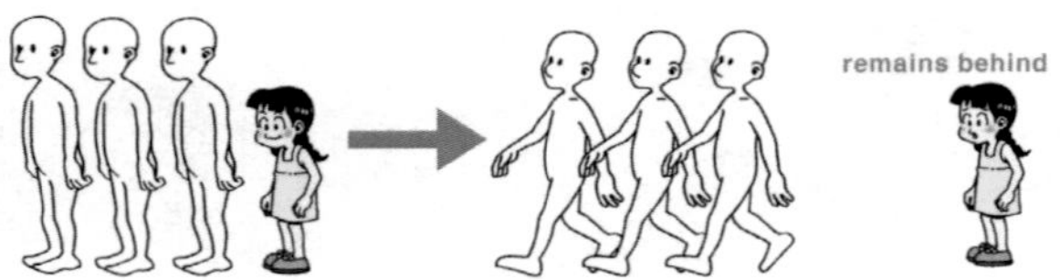

She remains behind.

Similar She stays behind.

---

9. What is there behind the house?

There is a tree behind the house.

Similar There is a tree in the back of the house. / There is a tree at the back of the house.
Opposite There is a tree in front of the house.

10. How is he far away from her?

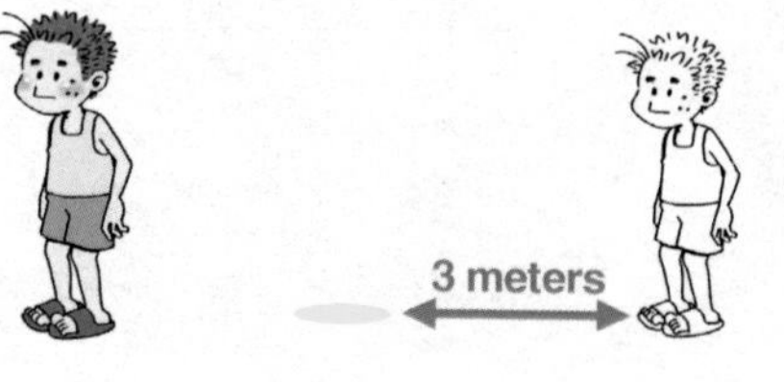

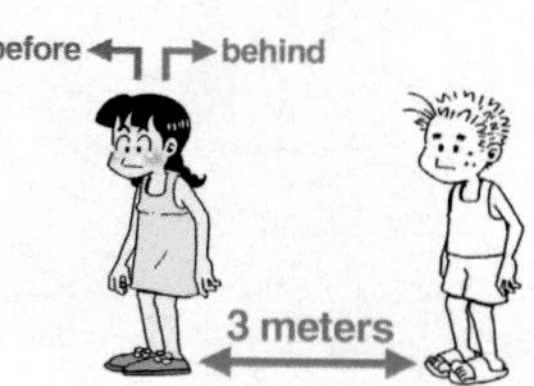

He is 3 meters behind her.

Opposite He is 3 meters ahead of her.

11. Where does he hide?

He hides behind the door.

Similar He hides himself behind the door.(more common)

12. Where does the sun disappear to?

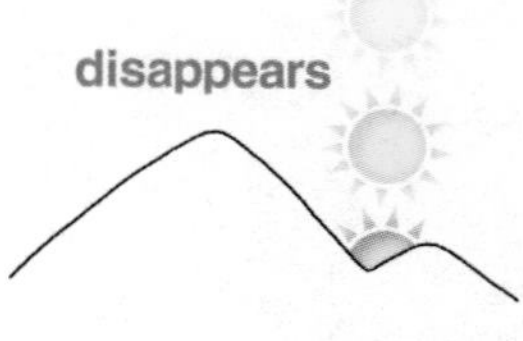

The sun disappears behind the clouds.

Opposite The sun comes out of the clouds. / The sun appears from the clouds.

13. What does he do behind her?

He locks the door **behind her.**

Similar He locks the door after her.(common)
Opposite He opens the door for her.

---

14. What is he behind?

He is **behind the wheel.**

Similar He is behind the steering wheel.(formal) / He is at the wheel.
Tips! 우리나라 말로 '운전대를 잡는다'라는 의미 정도로 생각할 수 있는 영어적인 표현입니다. 'behind the wheel'이 표현이 일반적으로 많이 쓰이는 표현입니다.

---

15. Where does the doll fall?

The doll falls **behind the sofa.**

16. Where do people march?

People march **behind the band.**

Similar People follow the band.(more common)

---

17. Where is a village?

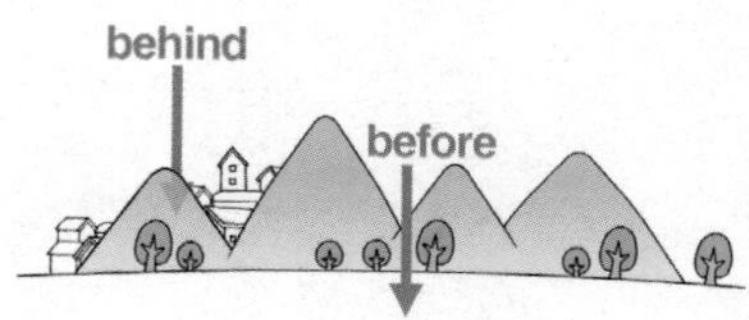

There is a village **behind the mountains.**

Opposite There is a village in front of the mountains.(more common) / There is a village before the mountains.

---

18. Where does a beautiful stream lie?

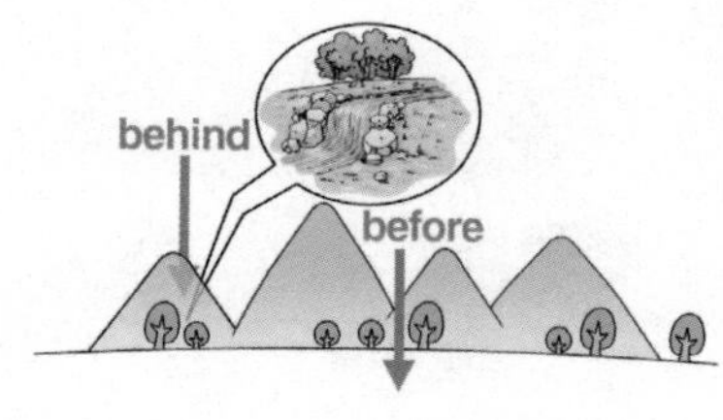

A beautiful stream lies **behind the mountains.**

Similar A beautiful stream flows behind the mountains.

19. Where is she?

She is behind. / She is a long way behind.

20. How is he in English?

He is behind her in English.

Similar She is better than him in English.(common)

21. Where is he in rank?

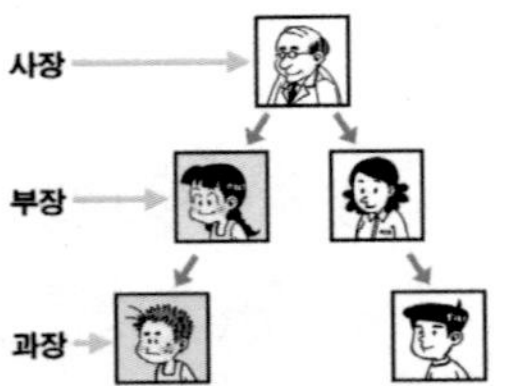

He is behind her in rank.

Similar He is below her in rank.(more common)

Opposite He is above her in rank.

22. Where is she behind him?

She is third behind him.

23. What does she leave behind?

She leaves behind her umbrella.

Similar She leaves her umbrella behind.(more common)

24. What does he leave behind him?

He leaves footprints behind him.

25. When does the rain come?

The rain comes behind the wind.

Similar The rain comes after the wind.(more common)

26. When does he come?

He arrives 20 minutes behind schedule.

Similar He comes 20 minutes late.(more common)

27. When does she arrive?

She arrives 2 hours behind schedule.

Similar She arrives 2 hours late.(more common)

28. How is the time on the red clock?

지금
시각은
12시 정각
입니다.
ON OFF

The red clock is 10 minutes behind.

Similar The red clock is 10 minutes slow.(more common)
Opposite The red clock is 10 minutes fast.

29. When does the bus arrive?

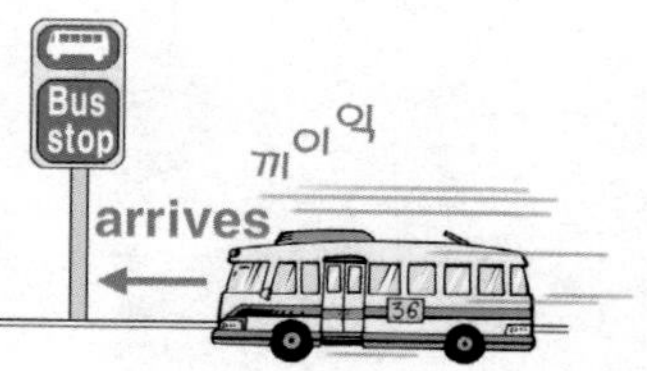

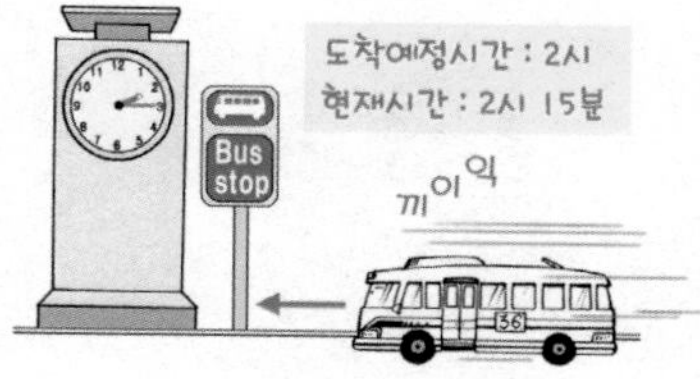

The bus arrives 15 minutes behind schedule.

Similar The bus arrives 15 minutes late.(more common) / The bus arrives 15 minutes behind time.
Opposite The bus arrives 15 minutes early. / The bus arrives 15 minutes ahead of time.

30. When does the airplane arrive?

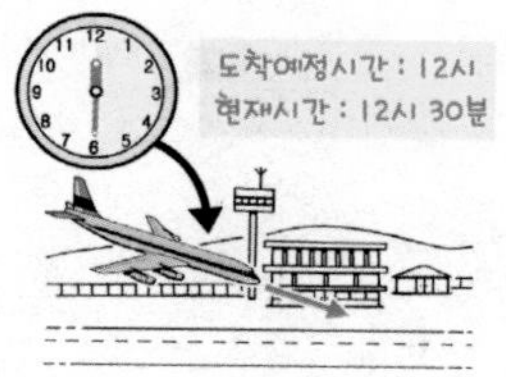

The airplane arrives 30 minutes behind schedule.

Similar The airplane arrives 30 minutes late.(more common) / The airplane arrives 30 minutes behind time.
Opposite The airplane arrives 30 minutes early. / The airplane arrives 30 minutes ahead of time.

31. When does he arrive for our appointment?

He arrives behind schedule for our appointment.

Similar He arrives late for our appointment.(more common)
Opposite He arrives early for our appointment.

32. What kind of man is he?

He is behind the times.

Similar He is out of style.(common) / He is out of date.

33. Where does the dog bite him?

The dog bites him on his behind.

Similar The dog bites his ass.(more common) / The dog bites him on his buttocks.
Tips! 'on his behind'는 엉덩이 부분을 말합니다. 같은 표현으로는 'on his buttocks'가 있습니다.

34. What does she fall on?

She falls **on her behind.**

Similar She falls on her ass.(more common) / She falls on her buttocks.

35. Where does she slap him?

She slaps him **on his behind.**

Similar She slaps his ass.(common) / She hits his ass. / She hits him on his behind.

01 Preview tips – below

1. 위치(~보다 아래)를 나타내는 전치사 below

2. (수준, 기온, 나이) ~보다 아래를 나타내는 전치사 below

3. Below의 부사적 용법

02 Practice - below

01 Preview tips – below

1) 위치(~보다 아래)를 나타내는 전치사 below

ⓐ [위치] ~보다 아래(밑)에

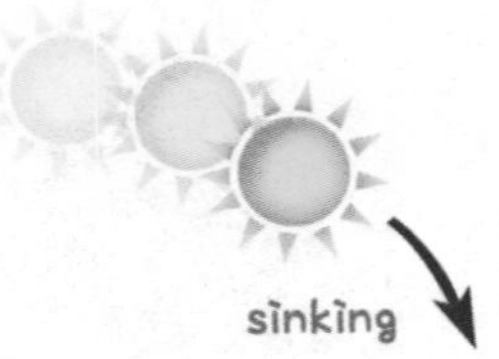

The sun is sinking

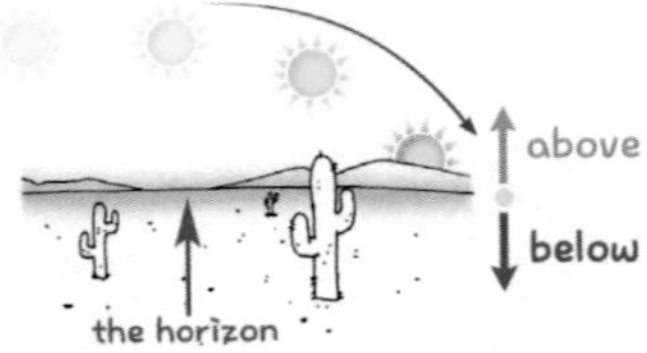

below the horizon.

예시 The picture is 1 meter below the ceiling. It's 30 feet below sea level. I dive below the surface of the water. A tie is knotted below the collar of a shirt.

2) (수준, 기온, 나이) ~보다 아래를 나타내는 전치사 below

ⓐ [나이, 양] ~보다 아래에, ~미만의

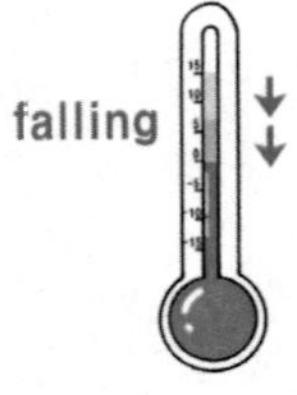

Temperature is falling

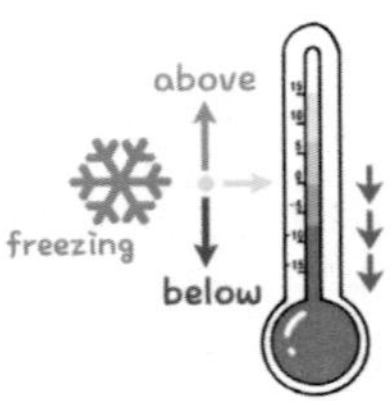

below feezing.

예시 It's 10 degrees below zero. The thermometer stands at 17 below zero. She is below 30.

ⓑ [수준, 거리] ~에 못 미치는, ~아래에(못 되는)

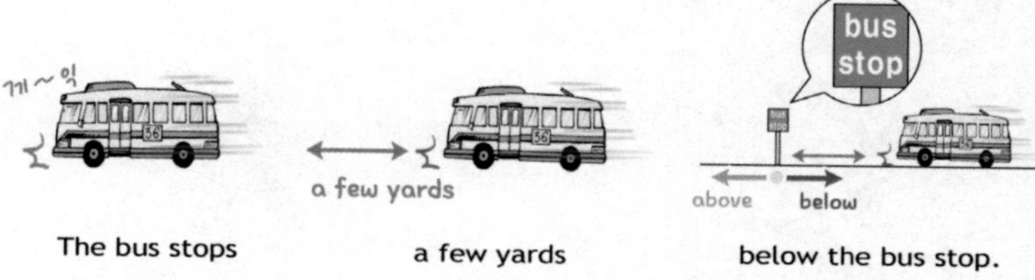

The bus stops a few yards below the bus stop.

3) Below의 부사적 용법

ⓐ 아래(밑)에, 하부에

I look

below.

예시 She looks down at the house far below. The answer is below. I sign my name in the blank space below.

02 Practice - below

1. Where do you look?

I look below.

Similar I look at the bottom of the page.
Opposite I look at the top of the page.

---

2. What does she look down at?

She looks down at the house far below.

---

3. Where is the answer?

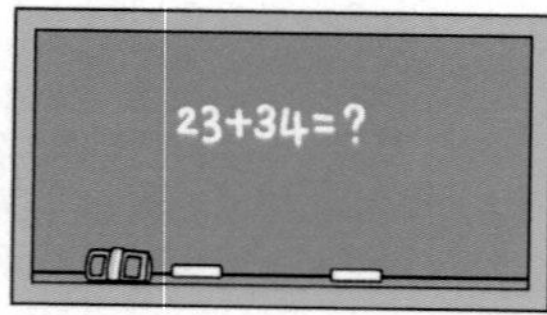

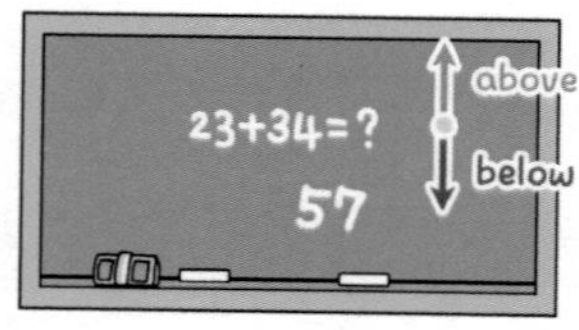

The answer is below.

Similar The answer is at the bottom of the blackboard.
Opposite The answer is at the top of the blackboard.

4. Where do you sign your name?

I sign my name **in the blank space** **below.**

Similar I write my name in the blank space below.

5. What sentence do you look at?

I look at the sentence **below the red line.**

Opposite I look at the sentence above the red line.

6. Where do you write your name?

I write my name **below the line.**

Opposite I write my name above the line.

7. How far is it below ground?

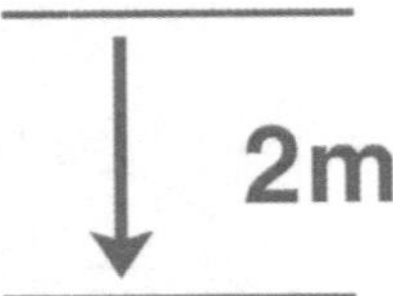

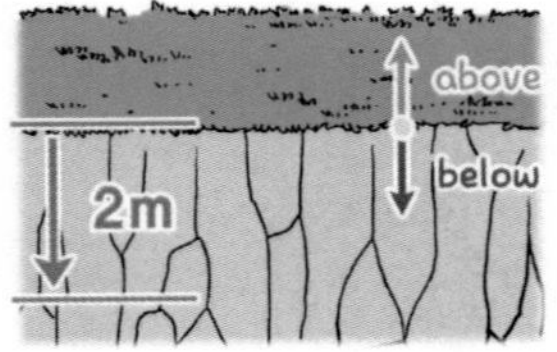

It is 2 meters below ground.

Similar It is 2 meters down in the ground.(common)
Opposite It is 2 meters above ground.

8. Where is a bridge?

There is a bridge below.

Similar There is a bridge downstream.(more common)
Opposite There is a bridge upstream.(more common) / There is a bridge above.

9. What room is she in?

She is in the room below.

Similar She is downstairs.(more common)
Opposite She is upstairs.

10. What do you jump into?(Where do you jump?)

I jump into the river below.

Similar I jump into the flood below.

11. How far is the picture from the ceiling?

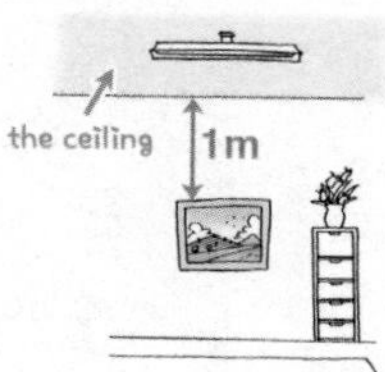

The picture is 1 meter below the ceiling.

12. Who is the next person below you in class?

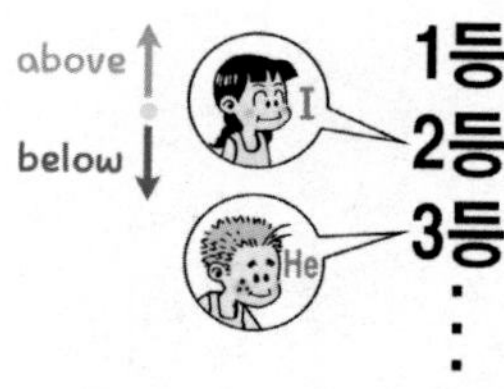

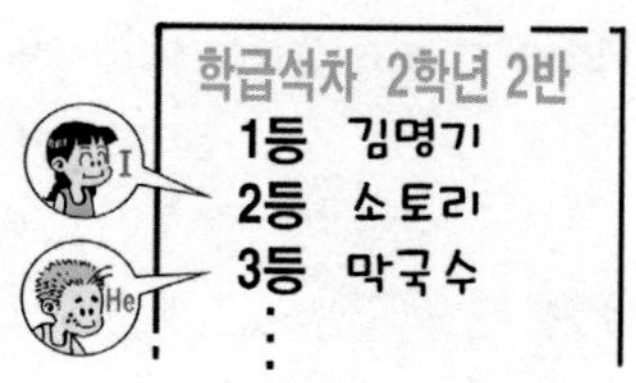

He is the next person below me in class.

13. Where is the sun sinking?

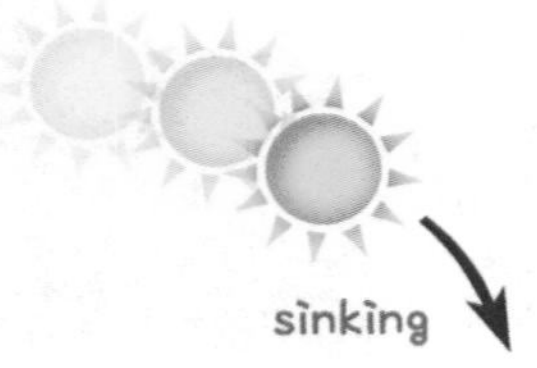

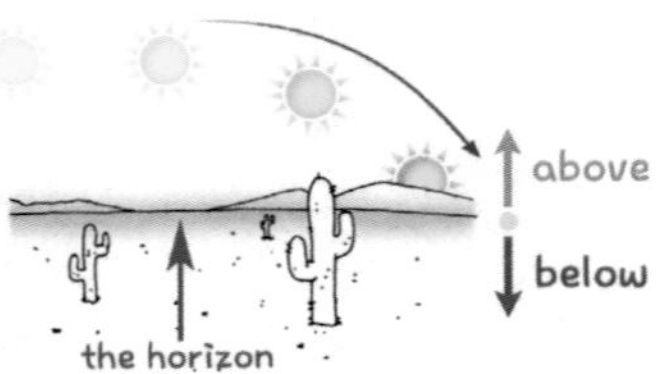

The sun is sinking **below the horizon.**

Similar The sun is sinking beneath the horizon.(more common)
Opposite The sun is rising over the horizon.

---

14. How far is it below sea level?

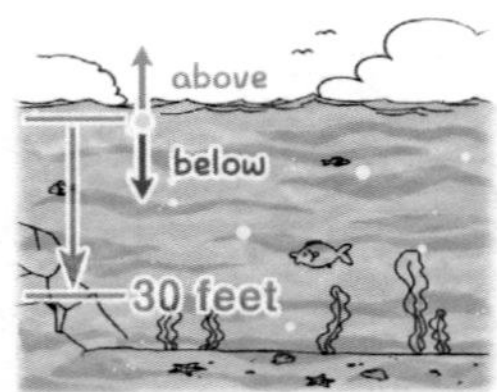

It's 30 feet **below sea level.**

Opposite It's 30 feet above (the) sea level.

---

15. Where is a crocodile swimming?

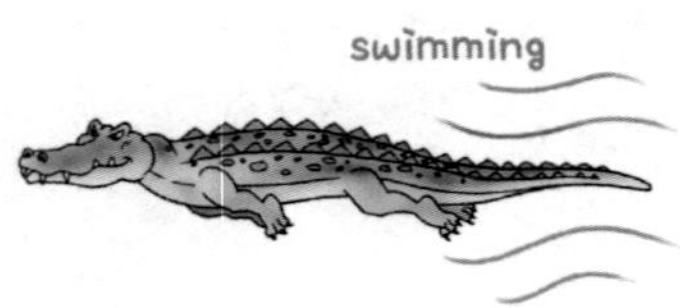

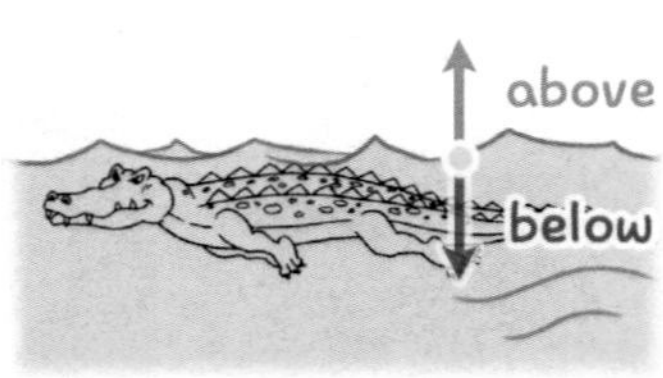

A crocodile is swimming **just below the surface.**

Similar A crocodile is swimming just beneath the surface.(more common)

16. Where do you dive?

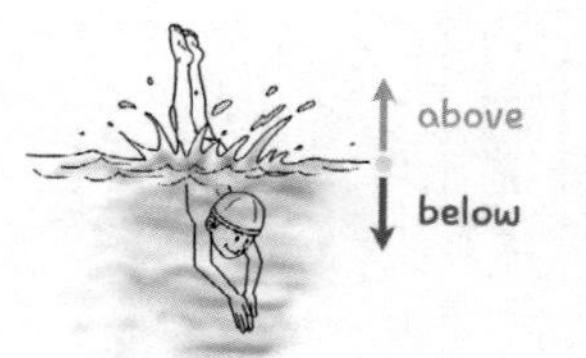

I dive **below the surface of the water.**

Similar I dive into the water.(more common)

17. Where is a tie knotted?

A tie is **knotted** **below the collar of a shirt.**

18. How is the temperature?

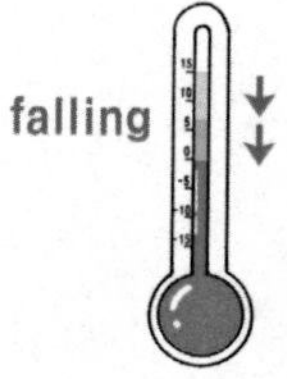

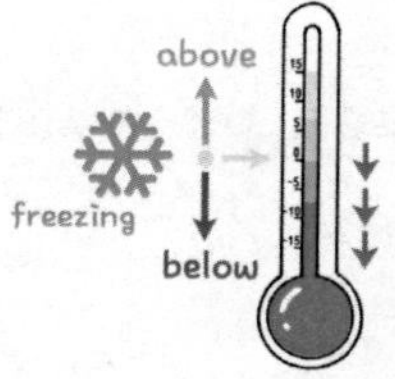

Temperature is falling **below freezing.**

Similar Temperature is going down to below zero.(more common) / Temperature is dropping below freezing.

19. How many degrees is it below zero?

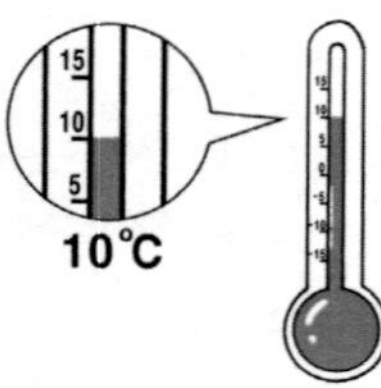

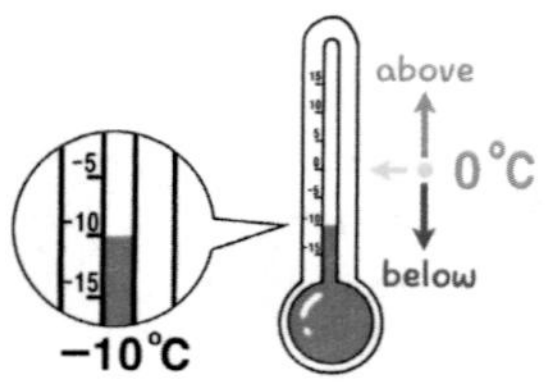

It is 10 degrees below zero.

Similar It is ten below zero.(more common) / It's -10 degrees.

Tips 온도 읽는 법은 '-12.5℃'라고 하면 'minus twelve point five degrees Celsius', 'negative twelve point five degrees Celsius'라고 읽으면 되고, 'twelve point five degrees Celsius below zero'로도 일반적으로 많이 읽습니다.

20. What does the thermometer stand at?

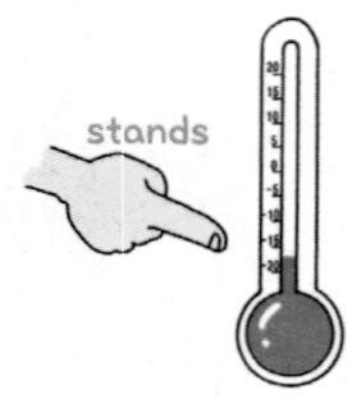

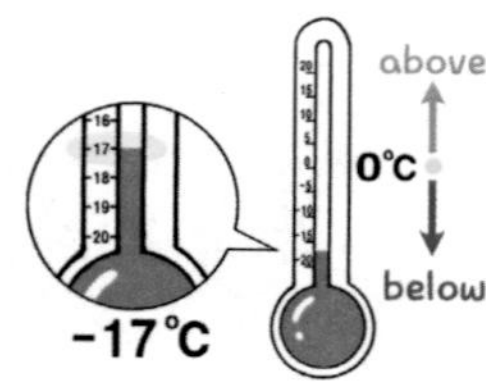

The thermometer stands at 17 below zero.

Similar The thermometer stands at minus 17 degrees Celsius.

21. Where are the soldiers crawling?

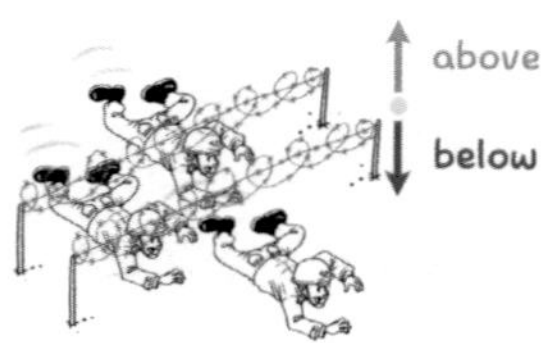

The soldiers are crawling below the wire.

Similar The soldiers are crawling under the wire.(more common) / The soldiers are crawling underneath the wire.(common) / The soldiers are crawling beneath the wire.

22. How old is she?

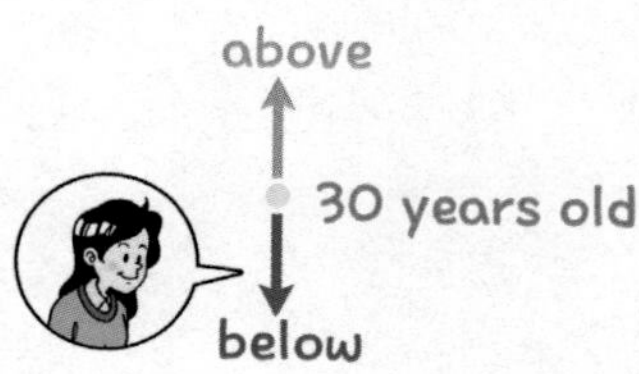

She is below 30.

Similar She is under 30 years old.(more common)
Opposite She is over 30 years old.

23. Where does the bus stop?

The bus stops a few yards below the bus stop.

Similar The bus stops a few yards short of the bus stop.(more common)

해설

1. at

1. 당신은 어디를 보나요? 저는 그 점을 봅니다.
2. 당신은 누구를 보나요? 저는 그 소녀를 봅니다.
3. 당신은 하늘에서 무엇을 보나요? 저는 달을 봅니다.
4. 당신은 탁자 너머로 누구를 보나요? 저는 탁자 너머에 있는 여자친구를 봅니다.
5. 당신은 누구를 올려다보나요? 저는 그를 올려다봅니다.
6. 당신은 누구를 내려다보나요? 저는 그녀를 내려다봅니다.
7. 당신은 누구를 빤히 보고 있나요? 저는 그녀를 빤히 쳐다봅니다.
8. 당신은 무엇을 바라보고 있나요? 저는 화면을 바라봅니다.
9. 당신은 누구를 흘깃하고 보나요? 저는 그녀를 흘깃 봅니다.
10. 그는 언제 그녀를 깨우나요? 그는 그녀를 7시에 깨웁니다.
11. 나무의 꼭대기에는 무엇이 있나요? 나무 꼭대기에 새 둥지가 있습니다.
12. 구멍은 어디에 있나요? 가운데 구멍이 있습니다.
13. 그는 도시에 어디에 있나요? 그는 도시의 한복판에 있습니다.
14. 당신들은 어디에 있나요? 우리는 언덕 아래쪽에 있습니다.
15. 열린 문이 어디에 있나요? 복도 끝에 열린 문이 하나 있습니다.
16. 그는 어느 줄에 있나요? 그는 줄의 맨 앞에 있습니다.
17. 그는 어느 줄에 있나요? 그는 줄의 맨 마지막에 있습니다.
18. 그는 나에게서 얼마나 멀리 있나요? 그는 나로부터 2㎞ 떨어진 곳에 있습니다.
19. 당신은 그녀를 어디서 보나요? 저는 파티에서 그녀를 봅니다.
20. 당신은 그녀를 어디서 보나요? 저는 그녀를 사무실에서 봅니다.
21. 그는 어디에 있나요? 그는 내 뒤에 있습니다.
22. 그는 어디에 있나요? 그는 내 뒤에 바짝 붙어 있습니다.
23. 그는 어디에 있나요? 그는 내 옆에 있습니다.

24. 그녀는 어디에 앉아 있나요? 그녀는 창가에 앉아 있습니다.
25. 당신은 어디에 서 있나요? 저는 문가에 서 있습니다.
26. 당신은 어디에서 그녀를 만나나요? 저는 모임에서 그녀를 만납니다.
27. 당신은 책을 어디서 사나요? 저는 서점에서 책을 한 권 삽니다.
28. 우리는 어디에 있나요? 우리는 해변에 있습니다.
29. 당신의 집은 어디에 있나요? 내 집은 종로 33번가에 있습니다.
30. 그는 무엇을 하는 분이죠? 그는 학교 선생님입니다.
31. 그는 어디 학생인가요? 그는 영남대학교 학생입니다.
32. 당신은 책의 어디를 펴는 건가요? 저는 책의 111페이지를 폅니다.
33. 언제 우리 만나야 할까? 해 질 무렵에 만납시다.
34. 언제 우리 만나야 할까? 해가 뜰 때 만납시다.
35. 이번 달 언제 우리가 만나야 할까? 월초에 만납시다.
36. 이번 달 언제 우리가 만나야 할까? 월말에 만납시다.
37. 몇 시에 우리가 만나야 할까? 정오에 만납시다.
38. 학교는 언제 시작하나요? 학교는 9시에 시작합니다.
39. 온도계가 어디(온도)를 가리키나요? 온도계는 0도를 가리킵니다.
40. 당신은 언제 성인이 되나요? 저는 20살에 성인이 됩니다.
41. 당신의 바지는 어디가 찢어져 있나요? 내 바지는 무릎이 찢어져 있습니다.
42. 당신의 청바지는 어디가 해져 있나요? 내 청바지는 무릎이 해져 있습니다.
43. 그는 무엇을 하는 데 느린가요? 그는 영어를 배우는 것이 느립니다.
44. 그는 무엇을 하는 데 빠른가요? 그는 영어를 배우는 것이 빠릅니다.
45. 그는 무엇을 잘하나요? 그는 수영을 잘합니다.
46. 그는 무엇을 잘 못하나요? 그는 수영을 잘 못합니다.
47. 그는 무엇에 달인인가요? 저는 체스의 달인입니다.
48. 그는 얼마나 빨리 달리고 있나요? 그는 전속력으로 달리고 있습니다.

49. 그 차는 얼마나 빨리 달리고 있나요?	그 차는 시속 70마일로 달리고 있습니다.
50. 물은 언제 끓어요?	물은 100℃에서 끓습니다.
51. 총알은 어떤 각도로 벽에 부딪히나요?	그 총알은 90도 각도로 벽에 부딪힙니다.
52. 어떤 각도로 공은 튀어 나가나요?	그 공은 45도 각도로 튀어 나갑니다.
53. 당신은 과일을 어떻게 사나요?	저는 과일을 싸게 삽니다.
54. 당신은 공을 누구에게 (맞추려고) 던지나요?	저는 그녀를 향해 (맞추려고) 공을 던집니다.
55. 당신은 공을 누구에게 (받으라고) 던지나요?	저는 그녀를 향해 (받으라고) 공을 던집니다.
56. 당신은 돌을 누구에게 (맞추려고) 던지나요?	저는 그 개를 향해 (맞추려고) 돌을 던집니다.
57. 당신은 총으로 무엇을 겨냥하나요?	저는 총으로 과녁을 겨냥합니다.
58. 그는 누구에게 총을 쏘나요?	그는 그녀에게 총을 쏩니다.
59. 당신은 누구를 비웃나요?	저는 그녀를 비웃습니다.
60. 그는 무엇을 보고 비웃나요?	그는 내 아이디어를 비웃습니다.
61. 그녀는 누구에게 소리치나요?	그녀는 도둑을 향해 소리를 지릅니다.
62. 당신은 누구에게 소리치나요?	저는 개에게 소리를 칩니다.
63. 당신은 무엇을 추측하나요?	저는 답을 추측해봅니다.
64. 그는 어디에 있나요?	그는 근무 중입니다.
65. 그 아이는 무엇에 천재인가요?	그 아이는 음악의 천재입니다.
66. 그녀는 어디에 있나요?	그녀는 기도 중입니다.
67. 그들은 무엇을 하고 있는 중인가요?	그들은 놀이 중입니다.
68. 그는 무엇을 하고 있는 중인가요?	그는 아침 식사를 합니다.
69. 그는 어디에 있나요?	그는 식탁에 있습니다.(식사 중이라고도 쓰임)
70. 그들은 무엇을 하고 있나요?	그들은 전쟁 중입니다.
71. 그는 어디에 있나요?	그는 교회에 있습니다.(예배 중이라고도 쓰임)
72. 그들은 어디에 있나요?	그들은 자동차 극장에 있습니다.
73. 그 배는 어디에 있나요?	그 배는 정박해 있습니다.

74. 그 배는 어디에 있나요?	그 배는 항해 중입니다.
75. 당신은 어떻게 서 있나요?	저는 '차렷' 자세로 섭니다.
76. 당신은 어떻게 서 있나요?	저는 '쉬어' 자세로 섭니다.
77. 그녀는 무엇에 놀랐나요?	그녀는 내 무식함에 놀랍니다.
78. 그녀는 무엇에 기뻐하나요?	그녀는 그 소식에 기뻐합니다.
79. 그들은 서로 어떤가요?	그들은 사이가 안 좋습니다.
80. 그는 몇 시에 오나요?	그는 2시에 옵니다.
81. 그는 언제 오나요?	그는 대략 2시쯤에 옵니다.
82. 당신은 어디에 도착하나요?	저는 학교에 도착합니다.
83. 당신은 어디에 도착하나요?	저는 나무에 다다릅니다.
84. 당신은 문에서 무엇을 하나요?	저는 문을 노크합니다.
85. 당신은 어디에서 멈추나요?	저는 문에서 멈춥니다.
86. 황소는 어디로 돌진하나요?	그 황소는 나를 향해 돌진합니다.
87. 당신은 누구에게 얼굴을 찌푸리나요?	저는 그녀에게 얼굴을 찌푸립니다.
88. 그녀는 누구를 비웃나요?	그녀는 나를 비웃습니다.
89. 그녀는 누구에게 화를 내나요?	그녀는 나에게 화를 냅니다.
90. 그녀는 언제 당혹해 하나요?	그녀는 질문을 받고 당혹해 합니다.
91. 당신은 언제 얼굴이 붉어지나요?	저는 실수해서 얼굴이 붉어집니다.
92. 당신은 무엇을 보고 공포를 느끼나요?	저는 차 사고 장면을 보고 공포를 느낍니다.
93. 당신은 무엇을 보고 공포를 느끼나요?	저는 비행기 사고 장면을 보고 두려움을 느낍니다.
94. 그는 과일을 어떻게 파나요?	그는 과일을 낮은 가격에 팝니다.

2. for

1. 당신은 어디로 산책을 하러 가세요?	저는 숲으로 산책을 하러 갑니다.
2. 당신은 어디로 수영을 하러 가세요?	저는 강으로 수영을 하러 갑니다.
3. 당신은 어디로 수영을 하러 가세요?	저는 아버지 생신 때문에 고향집으로 갑니다.
4. 당신은 식당에 왜 가나요?	저는 식사를 하러 식당에 갑니다.
5. 당신은 뭐를 위해서 옷을 입나요?	저는 파티를 위해서 옷을 입습니다.
6. 당신은 언제 서울에 가요?	저는 5월에 서울에 갈 것입니다.
7. 당신은 어디로 떠나요?	저는 서울로 떠납니다.
8. 이 비행기는 어디 행이죠?	이 비행기는 캐나다행입니다.
9. 그 배는 어디로 출항하는 거죠?	그 배는 일본을 향해 출항하고 있습니다.
10. 당신은 어디에 있나요?	저는 부산으로 가는 기차에 타고 있습니다.
11. 이 버스는 어디 행이죠?	그 버스는 서울행입니다.
12. 황소는 어디를 향해서 돌진하는 건가요?	황소가 문을 향해서 돌진합니다.
13. 휴식을 위한 시간이 얼마나 있나요?	저는 휴식 시간 2시간이 있습니다.
14. 당신은 일하는 곳은요?	저는 주유소에서 일합니다.
15. 당신은 무슨 용도의 표를 가지고 있는 건가요?	저는 야구경기 표를 하나 갖고 있습니다.
16. 어떤 종류의 수술을 받는 거예요?	저는 위암 수술을 받습니다.
17. 이 책은 누구를 위한 책이죠?	이 책은 어린이를 위한 것입니다.
18. 그 영화는 누구를 위한 영화죠?	이 영화는 성인을 위한 것입니다.
19. 당신은 무엇을 하기 위한 돈이 있나요?	저는 책을 살 돈이 있습니다.
20. 당신은 무엇을 위해 돈을 저축해 두나요?	저는 만일을 대비해서 돈을 저축해 둡니다.
21. 당신은 어떤 종류의 약을 가지고 있나요?	저는 복통에 먹는 약을 조금 갖고 있습니다.
22. 당신은 왜 그녀를 보냈나요?	저는 경찰을 부르라고 그녀를 보냅니다.
23. 이 집은 무슨 용도의 집이죠?	이 집은 팔려고 내놓은 집입니다.

24. 이 집은 무슨 용도의 집이죠? 이 집은 임대용(세놓은) 집입니다.
25. 이건 무슨 대학이죠? 이것은 (남녀공학이 아닌) 여자 대학교입니다.
26. 당신은 방에 두려고 무엇을 사세요? 저는 내 방에 둘 새 컴퓨터를 삽니다.
27. 당신은 무엇을 찾고 있으세요? 저는 저의 개를 찾는 중입니다.
28. 당신은 얼마나 오래 그녀를 찾고 있는 건가요? 저는 몇 달 동안 그녀를 찾고 있습니다.
29. 당신은 얼마나 오래 그녀를 찾고 있는 건가요? 저는 몇 년 동안 그녀를 찾고 있습니다.
30. 한 아이는 왜 울고 있어요? 한 아이가 엄마를 찾으면서 울고 있습니다.
31. 당신은 왜 달리는 거죠? 저는 살려고 달립니다.
32. 그는 그 일이 어떤가요? 그는 그 일에 딱 맞는 사람입니다.
33. 무슨 식물이 먹기 적합하죠? 이 식물들은 먹기 적합합니다.
34. 당신은 누구를 위해 점심을 준비하세요? 저는 친구들을 위해 점심을 준비합니다.
35. 당신은 왜 준비하고 있나요? 저는 학교 갈 준비를 하고 있습니다.
36. 당신은 그 책을 좋아하세요? 저는 그 책을 좋아하지 않습니다.
37. 저 집이 보여요? 저는 안개 때문에 그 집을 못 봅니다.
38. 왜 잠이 오지 않아요? 저는 추워서 잘 수가 없습니다.
39. 당신은 왜 소리를 지르세요? 저는 기뻐서 소리를 지릅니다.
40. 그녀는 왜 당신을 나무라는 거죠? 그녀는 내가 늦은 것에 대해 나무랍니다.
41. 그녀는 왜 그를 훈계하고 있죠? 그녀는 그가 지각한 것에 대해서 훈계를 합니다.
42. 당신은 어떤 음식 취향이죠? 저는 일본 음식을 좋아합니다.
43. 당신은 이 집을 얼마에 파세요? 저는 이 집을 2천 달러에 팝니다.
44. 이 수표는 얼마짜리 수표죠? 이것은 10만 원짜리 수표입니다.
45. 이 바지는 얼마에 팔리죠? 이 바지는 20달러에 팔립니다.
46. 이 달걀들은 얼마죠? 이 달걀들은 5개에 2달러입니다.
47. 그는 신발을 어떻게 팔죠? 그는 낮은 가격에 신발을 판매합니다.
48. 당신은 얼마나 멀리 걷나요? 저는 3마일을 걷습니다.

49. 당신은 얼마나 멀리 뛰나요?	저는 10마일을 달립니다.
50. 이 강은 얼마나 멀리 흘러가나요?	이 강은 20마일에 걸쳐 흐릅니다.
51. 이 도로는 얼마나 멀리 가나요?	이 길은 20마일에 걸쳐 나 있습니다.
52. 이 숲은 얼마나 멀리 펼쳐져 있어요?	이 숲은 20마일에 걸쳐 펼쳐져 있습니다.
53. 누군가가 안됐다고 느낄 때 뭐라고 말하나요?	너 안됐구나.
54. 당신이 누군가에게서 편지를 받으면 뭐라고 말하세요?	편지 주셔서 감사합니다.
55. 사람들이 뭐라고 말하고 있나요?	왕을 위해 만세 삼창!
56. 당신은 얼마나 오래 공부하나요?	저는 몇 시간 동안 공부를 합니다.
57. 당신은 얼마나 오래 공부하나요?	저는 며칠 동안 공부를 합니다.
58. 비는 얼마나 오래 지속되나요?	그 비는 3시간 동안 지속됩니다.
59. 당신은 서울에서 얼마나 있을 거예요?	저는 서울에서 3일 동안 머무릅니다.
60. 당신은 몇 점이나 받나요?	저는 각 정답마다 3점을 받습니다.
61. 그 전화는 누구에게 온 전화죠?	너에게 온 전화입니다.
62. 당신은 왜 전화를 걸고 있어요?	저는 그녀를 위해서 전화를 걸어주고 있습니다.
63. 당신은 왜 새 차를 사는 거예요?	저는 그녀를 위해서 새 차를 삽니다.
64. 당신은 누구에게 줄 선물을 가지고 있나요?	저는 그녀에게 줄 선물이 있습니다.
65. 그녀는 무엇을 만드나요?	그녀는 나를 위해서 저녁을 만듭니다.
66. 당신은 왜 차 문을 여나요?	저는 그녀를 위해 차 문을 열어 줍니다.
67. 우유가 무엇에 좋은 건가요?	우유는 당신의 건강에 좋습니다.
68. 당신은 언제 약속이 있나요?	저는 내일 3시에 약속이 있습니다.
69. 당신은 언제 약속이 있나요?	내일모레 약속이 있습니다.
70. 당신은 언제 노벨상을 타나요?	저는 2006년에 노벨상을 받습니다.
71. 그녀는 언제 미스코리아죠?	그녀는 2006년도 미스코리아입니다.
72. 그는 어떻게 보이나요?	그는 나이보다는 어려 보입니다.

73. 그는 얼마나 늙어 보이나요? 그는 나이보다 늙어 보입니다.

74. 당신은 그 차 가격으로 얼마를 지불하나요? 저는 그 차 가격으로 100달러를 지불합니다.

75. 당신은 카메라를 받는 대신 무엇을 주나요? 저는 그녀의 카메라를 받는 대신 내 시계를 줍니다.

76. 당신은 무엇 때문에 벌금을 내나요? 저는 속도위반으로 벌금을 냈습니다.

77. 당신은 왜 감옥에 가게 되었나요? 저는 절도죄로 감옥에 가게 되었습니다.

78. 아기 이름은 어떻게 지어졌나요? 그 아기의 이름은 할아버지 이름을 따서 지었습니다.

79. 당신은 문장을 어떻게 암기하나요? 저는 문장의 단어를 하나하나 외웁니다.

80. 이 모자는 어떻게 맞나요? 이 모자는 내게 너무 작습니다.

81. 왜 그에게 카메라를 주는 거죠? 저는 그의 생일에 (선물로) 카메라를 줍니다.

82. 당신의 약속 시간은 언제인가요? 우리는 6시로 약속을 정합니다.

83. 당시는 뭐를 보상하나요? 저는 손해를 보상합니다.

84. 당신은 그에게 무엇을 주나요? 저는 주먹을 주고받습니다.

85. 당신은 어디 반장이세요? 저는 학급에서 반장입니다.

86. 각 그룹에 몇 명씩이죠? 3명씩 묶인 그룹에서 한 명입니다.

87. 당신은 무엇을 준비하나요? 저는 시험을 준비합니다.

88. 당신은 밀가루 반죽을 하기 위해 무엇을 사용하나요? 저는 밀가루 반죽을 하기 위해서 2컵의 물을 사용합니다.

89. 우리는 무엇을 위해서 기도해야 하나요? 비가 오기를 기도합시다.

90. 당신은 무엇에 굶주려 있나요? 저는 피자가 먹고 싶습니다.

91. 당신은 무엇에 굶주려 있나요? 저는 돈에 굶주려 있습니다.

92. 다른 장소로 술을 마시러 갈 때 당신은 뭐라고 말하세요? 2차 갑시다.

93. 당신은 수업을 몇 개나 신청했어요? 저는 5개의 수업을 신청합니다.

94. 당신은 무엇을 찾고 있으세요? 저는 직업을 구하는 중입니다.

95. 어떤 테이블을 원하세요? 4인 테이블(좌석)로 부탁합니다.

3. down

1. 당신은 어디로 가나요?	저는 아래로 내려갑니다.
2. 당신은 어떻게 앉아요?	저는 내려앉습니다. / 저는 일어나 앉습니다.
3. 당신은 무엇을 꿇고 앉아요?	저는 무릎을 꿇고 앉습니다.
4. 당신은 어디에서 무릎을 꿇어요?	저는 그의 앞에 무릎을 꿇습니다.
5. 당신은 어떻게 절을 하죠?	저는 큰절을 합니다. (손과 무릎이 닿는 엎드려서 하는 큰 절)
6. 당신은 어디를 보죠?	저는 아래를 봅니다.
7. 그녀는 어떻게 보여요?	그녀는 우울해 보입니다.
8. 태양은 어디에 있나요?	태양이 졌습니다. / 태양이 떴습니다.
9. 태양은 어디로 가나요?	태양이 집니다. / 태양이 뜹니다.
10. 당신은 펜을 어디에 놓나요?	저는 펜을 내려놓습니다.
11. 당신은 어디에 눕나요?	저는 잔디 위에 눕습니다.
12. 당신은 어떻게 누워 있어요?	저는 옆으로 누워 있습니다.
13. 당신은 어디에서 떨어지나요?	저는 계단에서 굴러떨어집니다.
14. 당신에게 무슨 일이 있어요?	저는 넘어져서 팔이 부러집니다.
15. 당신은 어디로 스키를 타요?	저는 스키를 타고 슬로프를 내려갑니다.
16. 눈물이 어디로 흐르나요?	눈물이 내 볼 위에 주르르 흘러내리고 있습니다.
17. 당신은 어떻게 블라인드를 당기나요?	저는 블라인드를 당겨서 내립니다.
18. 당신은 그를 어디로 끌어당기나요?	저는 그를 끌어당겨 내립니다.
19. 당신은 서류가방을 어디에 놓나요?	저는 서류가방을 내려놓습니다.
20. 당신은 무엇을 내려 누르나요?	저는 병의 코르크를 내려 누릅니다.
21. 당신은 무엇을 돌려서 잠그나요?	저는 병의 뚜껑을 돌려서 잠급니다.
22. 그녀는 무엇을 위해서 밧줄을 타나요?	그녀는 내려오기 위해서 밧줄을 탑니다.

23. 당신은 한쪽 모서리를 어디까지 접나요?	저는 한쪽 모서리를 가운데까지 접습니다.
24. 당신은 머리를 어디에 두나요?	저는 책상 위에 머리를 두고 엎드립니다.
25. 당신은 안경을 어디에 두나요?	저는 탁자 위에 안경을 둡니다.
26. 당신은 무엇에서 내리나요?	저는 버스에서 내립니다.
27. 당신은 어디로 걷는 거죠?	저는 거리를 왔다 갔다 합니다.
28. 당신은 어디로 가는 거죠?	저는 버스정류장까지 내려갑니다.
29. 당신은 어디까지 거리를 따라 내려가죠?	저는 그 길로 2 블록을 내려간 다음 오른쪽으로 돕니다.
30. 당신은 어디로 운전하죠?	저는 도로를 따라 운전합니다.
31. 당신은 어디를 운전해서 내려가죠?	저는 언덕을 운전해서 내려갑니다.
32. 당신은 어디를 달리죠?	저는 도로를 따라서 달립니다.
33. 그 보트는 어디로 가는 거죠?	그 보트는 아래로 가라앉습니다.
34. 그 버스는 어디를 내려오고 있는 거죠?	그 버스는 언덕을 내려오고 있습니다.
35. 당신은 어디를 미끄러져 내려오고 있어요?	저는 미끄럼틀을 타고 내려오고 있습니다.
36. 당신은 무엇을 떼어 내나요?	저는 커튼을 떼어 내립니다.
37. 당신은 무엇을 떼어 내나요?	저는 그 포스터를 떼어 냅니다.
38. 당신은 어디에서 떨어지나요?	저는 언덕에서 굴러떨어집니다.
39. 당신은 교회 쪽으로 어떻게 가나요?	저는 교회로 향해 있는 도로를 따라갑니다.
40. 당신은 어디로 가나요?	저는 강을 따라서 갑니다.
41. 당신은 어디를 읽고 있어요?	저는 페이지를 (위에서) 아래로 읽고 있습니다.
42. 당신은 어디가 아파요?	저는 다리 아래쪽이 아픕니다.
43. 당신은 어디에 살아요?	저는 강 아래쪽에 삽니다.
44. 기차역은 어디에 있어요?	그 철길을 따라 3마일을 내려가면 기차역이 하나 있습니다.
45. 그 다리에서 그 집은 어디에 있어요?	집은 그 다리부터 더 아래쪽에 있습니다.

46. 당신의 머리카락은 얼마쯤 늘어져 있어요?	내 머리카락은 등 뒤에 늘어져 있습니다.
47. 당신은 어디로 가고 있어요?	그녀는 서울에서 대구로 내려가고 있습니다.
48. 당신은 사진을 어떻게 돌리나요?	저는 사진을 거꾸로 돌립니다.
49. 당신은 마우스를 어디로 움직이는 거죠?	저는 마우스를 아래 방향으로 움직입니다.
50. 그 도로는 어디로 경사져 있죠?	그 도로는 강을 향해서 내리막으로 경사져 있습니다.
51. 그 강은 어디로 흘러가죠?	그 강은 바다로 흘러갑니다.
52. 당신은 무엇을 삼켜요?	저는 알약을 하나를 삼킵니다.
53. 당신은 그를 어떻게 때리나요?	저는 그를 때려서 눕힙니다.
54. 당신은 그 소년을 어떻게 때려요?	저는 그 소년을 때려눕힙니다.
55. 당신은 무엇을 잘라서 쓰러뜨리나요?	저는 그 나무를 잘라서 쓰러뜨립니다.
56. 바람은 어떤 상태인가요?	바람이 잠잠해집니다.
57. 당신은 무엇을 내리나요?	저는 가격을 내립니다.
58. 당신은 무엇을 깎아내리나요?	저는 가격을 깎아내립니다.
59. 원유 가격이 어떤가요?	원유 가격이 내려가고 있습니다.
60. 금값이 어떤가요?	금값이 내렸습니다.
61. 온도는 어떤가요?	온도가 내려가고 있습니다.
62. 강의 상태는 어떤가요?	강물이 줄었습니다.
63. 바다의 상태는 어떤가요?	바다가 잠잠해졌습니다.
64. 당신은 무엇을 으깨나요?	저는 옥수수를 으깹니다.
65. 당신은 물을 어디에 타나요?	저는 소주에 물을 탑니다.
66. 타이어의 상태는 어때요?	앞바퀴가 펑크 났습니다.
67. 그는 어떤가요?	그는 독감 때문에 누워 있습니다.
68. 당신은 무엇의 볼륨을 낮추나요?	저는 라디오의 볼륨을 낮췄습니다.
69. 당신은 무엇을 받아 적나요?	저는 그녀의 말을 받아 적습니다.
70. 당신은 누구를 깎아내리나요?	저는 그녀를 깎아내립니다.

71. 그 길은 어디로 가나요?	그 도로는 언덕을 따라 내려갑니다.
72. 당신은 무엇을 추적하나요?	저는 호랑이 뒤를 추적합니다.
73. 호랑이는 무엇을 뒤쫓아 달리나요?	호랑이는 여우를 뒤쫓아 달립니다.
74. 당신은 무엇을 씻나요?	저는 차를 깨끗하게 씻어냅니다.
75. 다른 사람에게 깃발을 내리라고 할 때 뭐라고 하나요?	깃발을 내려!
76. 다른 사람에게 총을 내려놓으라고 할 때 뭐라고 하나요?	총을 내려놔!
77. 당신은 왜 지하 창고로 내려가는 건가요?	저는 포도주 한 병을 가지러 지하 창고로 내려가고 있습니다.
78. 그는 어디로 가고 있어요?	그는 시내로 가고 있습니다.
79. 당신은 물을 어떤 상태로 끓이나요?	저는 물을 끓여서 졸입니다.
80. 배터리는 어떤 상태인가요?	배터리가 수명이 다됐습니다.
81. 당신은 무엇을 꽉 묶나요?	저는 상자를 꽉 묶습니다.
82. 당신은 무엇을 눌러 꽂나요?	저는 깃발을 눌러 꽂습니다.
83. 너무 빠를 때 뭐라고 하나요?	속도를 줄여!
84. 당신은 무엇을 쭉 들이키나요?	저는 맥주 한잔을 쭉 들이킵니다.
85. 당신은 무엇을 적고 있나요?	저는 내 주소를 적고 있습니다.
86. 그녀는 무엇을 거절하나요?	그녀는 내 제안을 거절합니다.
87. 그 인형을 살 만한 충분한 돈을 가지고 있어요?	저는 인형을 사기에는 3달러가 부족합니다.
88. 당신의 차에 무슨 일이 있었어요?	내 차가 망가졌습니다.
89. 당신의 컴퓨터는 상태가 어때요?	내 컴퓨터가 다운(정지)됐습니다.
90. 당신은 무엇을 문 닫나요?	저는 (폐업하게 되어) 가게 문을 닫습니다.
91. 당신은 무엇에 호스로 물을 뿌리나요?	저는 차에 호스로 물을 뿌립니다.
92. 당신은 무엇을 걷나요?(당신은 무엇을 치나요?)	저는 텐트를 걷습니다. / 저는 텐트를 칩니다.
93. 당신은 무엇을 접나요?	저는 다리미판을 접습니다.

4. with

1. 당신은 누구와 같이 살아요?	저는 부모님과 같이 삽니다.
2. 당신은 누구와 점심을 같이 먹어요?	저는 친구와 점심을 먹습니다.
3. 당신은 누구와 같이 연주하나요?	저는 현악 3중주의 일원으로 연주합니다.
4. 당신은 누구와 같이 연주하나요?	저는 현악 4중주의 일원으로 연주합니다.
5. 당신은 누구와 영어를 배우나요?	저는 Pan에게 영어를 배웁니다.
6. 당신은 수영을 어떻게 하나요?	저는 물의 흐름을 따라 수영합니다.
7. 당신은 그 회사에서 얼마나 오래 있었나요?	저는 그 회사에서 10년 동안 일했습니다.
8. 당신은 누구에게 동의 하나요?	저는 그녀의 아이디어에 동의합니다.
9. 어떤 사람에게 선택을 하라고 할 때 당신은 뭐라고 말하나요?	제 말에 찬성하세요, 아니면 반대하세요?
10. 어떻게 나무가 변하게 되는 건가요?	나무는 계절에 따라 변합니다.
11. 당신은 언제 일어나나요?	저는 태양이 뜰 때 일어납니다.
12. 어떤 사람이 거기에 있나요?	거기에는 예의 바른 한 남자가 있습니다.
13. 어떤 사람이 거기에 있나요?	거기에는 빨간 머리의 남자가 있습니다.
14. 거기에 누가 있나요?	거기에는 백발 머리의 한 노인이 있습니다.
15. 어떤 동물이 거기에 있죠?	뿔이 달린 개 한 마리가 있습니다.
16. 탁자에는 어떤 꽃병이 있나요?	손잡이가 있는 꽃병이 탁자 위에 있습니다.
17. 거기에는 어떤 소녀가 있나요?	거기에는 파란 눈을 가진 소녀가 있습니다.
18. 거기에는 어떤 집이 있나요?	거기에는 큰 정원이 딸린 집이 있습니다.
19. 탁자 위에는 어떤 책이 있나요?	탁자 위에는 빨간 표지로 된 책이 있습니다.
20. 거기에는 어떤 사람이 있죠?	거기에는 한쪽 신발을 벗은 상태의 사람이 있습니다.
21. 거기에는 어떤 코트가 있어요?	거기에는 주머니가 3개 있는 코트가 있습니다.
22. 거기에 어떤 비행기가 있어요?	거기에는 좌석이 4개인 비행기가 있습니다.

23. 거기에 어떤 깡통이 있죠?	거기에는 바닥에 구멍이 난 깡통이 있습니다.
24. 그는 무엇을 가지고 오는 거죠?	그는 편지를 가지고 옵니다.
25. 당신은 어떻게 그녀를 맞이하나요?	저는 그녀를 큰 미소로 맞이합니다.
26. 당신이 웃으면 얼굴에는 어떤 일이 생기나요?	내 얼굴은 미소 지으면 보조개가 생깁니다.
27. 당신은 무엇을 가지고 걷나요?	저는 지팡이를 짚고 걷습니다.
28. 당신은 무엇으로 바나나를 자르나요?	저는 칼로 바나나를 자릅니다.
29. 당신은 (글을) 쓸 수 있는 것 좀 가지고 있어요?	저는 (연필 같은) 쓸 수 있는 것이 아무것도 없습니다.
30. 당신은 어떻게 결제하나요?	저는 수표로 결제합니다.
31. 당신은 방을 어떻게 밝게 하나요?	저는 전등으로 방을 밝게 합니다.
32. 당신은 어떻게 대화하나요?	우리는 눈으로 대화합니다.
33. 그는 어떤 상태로 걷나요?	그는 입에 파이프를 물고 걷습니다.
34. 그녀는 어떤 상태로 앉나요?	그녀는 팔짱을 끼고 앉습니다.
35. 당신은 어떤 상태로 앉나요?	저는 눈을 감고 앉습니다.
36. 당신은 어떤 상태로 서나요?	저는 모자를 쓴 상태로 섭니다.
37. 당신은 어떤 상태로 서나요?	저는 모자를 벗은 상태로 섭니다.
38. 당신은 어떤 상태로 서나요?	저는 양 소매를 걷어 올린 상태로 섭니다.
39. 그녀는 어떤 상태로 TV를 보나요?	그녀는 눈물을 흘리면서 TV를 봅니다.
40. 당신은 어떻게 책을 나르나요?	저는 어렵게 책을 나릅니다.
41. 당신은 그 책들을 어떻게 나르나요?	저는 손쉽게 그 책들을 나릅니다.
42. 당신은 어떻게 공부를 하나요?	저는 열심히 공부를 합니다.
43. 당신은 그가 무엇을 하는 것을 도와주죠?	저는 그가 코트를 입는 것을 도와줍니다.
44. 당신은 누구와 편지를 왕래하나요?	저는 친구와 편지를 왕래합니다.
45. 그 집은 무엇으로 덮여 있나요?	그 집은 눈으로 덮여 있습니다.
46. 당신은 가스스토브에 무엇을 연결 하나요?	저는 가스스토브를 가스 파이프에 연결합니다.

47. 당신은 차를 무엇으로 휘젓나요?	저는 스푼으로 차를 휘젓습니다.
48. 당신은 무엇에 기쁘나요?	저는 선물을 받고 기쁩니다.
49. 그는 누구와 사랑에 빠졌나요?	그는 그녀와 사랑에 빠졌습니다.
50. 당신은 누구에게 책을 맡기나요?	저는 그녀에게 책을 맡깁니다.
51. 당신은 가지고 놀 것이 뭐가 있나요?	저는 가지고 놀 공이 있습니다.
52. 왜 당신의 얼굴이 젖어 있나요?	내 얼굴이 눈물로 젖어 있습니다.
53. 그녀는 어떤 상태인가요?	그녀는 열이 나서 누워 있습니다.
54. 그녀는 어떤 상태인가요?	그녀는 열이 나서 땀을 흘리고 있습니다.
55. 당신은 왜 덜덜 떨어요?	저는 공포에 덜덜 떱니다.
56. 그녀는 왜 덜덜 떨어요?	그녀는 공포에 덜덜 떱니다.
57. 당신은 왜 덜덜 떨어요?	저는 추워서 덜덜 떱니다.
58. 그는 나이가 들어 어떤 상태인가요?	그는 나이가 들어 등이 구부러집니다.
59. 당신은 누구와 헤어지나요?	저는 그와 헤어집니다. (단순히 만났다가 헤어지는 의미)
60. 당신은 그녀와 어디에서 헤어지나요?	저는 문간에서 그녀와 헤어집니다.
61. 그는 누구와 싸우나요?	그는 나와 싸웁니다.
62. 당신은 누구와 말다툼을 하나요?	저는 그녀와 말다툼을 합니다.
63. 누가 논쟁을 하나요?	나가 그녀와 논쟁을 합니다.
64. 당신은 누구와 얘기를 하나요?	저는 그녀와 얘기를 합니다.
65. 당신은 누구와 술을 마시나요?	저는 내 친구들과 술을 마십니다.
66. 당신은 누구와 같이 걷나요?	저는 그녀와 같이 걷습니다.
67. 당신은 정원에 무엇을 심나요?	저는 정원에 꽃을 심습니다.
68. 그 길은 어떻게 막히게 되었나요?	그 도로는 쓰러진 나무들로 막히게 되었습니다.
69. 거기에는 무슨 상자가 있나요?	거기는 잡동사니로 가득 찬 상자가 하나 있습니다.
70. 거기에는 무슨 트럭이 있나요?	거기에는 석탄이 실린 트럭이 한 대 있습니다.

71. 당신은 무엇으로 케이크를 만들어요? 저는 달걀로 케이크를 만듭니다.
72. 당신은 병을 무엇으로 채우나요? 저는 물로 병을 채웁니다.
73. 당신은 무엇이 들어간 차를 마시나요? 저는 레몬이 들어간 차를 마십니다.
74. 당신은 누구와 달리기 시합을 하나요? 저는 그녀와 달리기 시합을 합니다.
75. 당신은 무엇을 휴대하나요? 저는 카메라를 휴대합니다.
76. 당신은 무엇을 휴대하나요? 저는 우산을 휴대합니다.
77. 그녀의 직업은 뭐죠? 그녀는 Korean 항공의 승무원입니다.
78. 그건 얼마예요? 세금을 포함해서 20달러입니다.
79. 그 넥타이는 뭐와 잘 어울리죠? 그 넥타이는 셔츠와 잘 어울립니다.
80. 당신의 가족은 몇 명이죠? 가정부를 포함해서 우리 식구는 모두 4명입니다.
81. 그림자는 어떻게 움직이나요? 그림자는 태양과 함께 움직입니다.
82. 그 정당과 어떤 일이 있었나요? 저는 그 정당과 결별했습니다.
83. 그녀는 누구의 아이를 임신 중이죠? 그녀는 남자아이를 임신 중입니다.
84. 당신은 부엌을 어떻게 두고 떠나나요? 저는 주전자가 끓도록 놔두고 부엌을 떠납니다.
85. 그는 어떤 상태로 서나요? 그는 벽에 등을 대고 섭니다.
86. 당신은 아기를 누구에게 맡기나요? 저는 간호사에게 아이를 맡깁니다.
87. 그는 무엇을 가지고 오는 거죠? 그는 가방을 옆구리에 끼고 들어옵니다.
88. 당신은 소주에 무엇을 섞는 거죠? 저는 소주를 물과 함께 섞습니다.
89. 그녀는 누구에게 인기가 있나요? 그녀는 남자들에게 인기가 있습니다.
90. 당신은 그녀에게 무엇을 주나요? 저는 그녀에게 우유를 줍니다.
91. 당신은 그녀에게 무엇을 주나요? 저는 영어책 한 권을 그녀에게 줍니다.
92. 당신은 그녀와 어떻나요? 저는 그녀와 친합니다.
93. 당신은 누구에게 화가 나 있어요? 저는 그녀에게 화가 나 있습니다.
94. 그는 말에게 어떤 일을 하나요? 그는 채찍으로 말을 때립니다.
95. 당신은 한쪽 끝을 가지고 무엇을 하나요? 저는 한쪽 끝을 다른 한쪽 끝에 연결합니다.

96. 당신은 무엇을 비교하나요? 저는 이 책과 저 책을 비교합니다.

97. 그는 어떻게 박자를 맞추나요? 그는 발로 박자를 맞춥니다.

98. 그녀는 어떻게 박자를 맞추나요? 그녀는 손가락으로 박자를 맞춥니다.

5. by

1. 꽃이 어디에 있나요? 창가 옆에 꽃이 있습니다.
2. 화분에 심어진 꽃은 어디에 있어요? 창가 옆에 화분에 심어진 꽃이 있습니다.
3. 누가 창가에 있나요? 창가에 누군가가 있습니다.
4. 집이 어디에 있어요? 해변가에 집 한 채가 있습니다.
5. 집이 어디에 있어요? 강가에 집 한 채가 있습니다.
6. 당신은 누구 옆에 앉나요? 저는 그녀 옆에 앉습니다.
7. 당신은 누구 옆에 서나요? 저는 그녀 옆에 섭니다.
8. 당신은 운전해서 무엇을 지나치나요? 저는 차를 운전해서 병원을 지나칩니다.
9. 당신은 무엇을 지나치나요? 저는 역을 지나칩니다.
10. 무엇이 당신을 지나치나요? 그 버스가 나를 지나칩니다.
11. 그녀는 어떻게 도착하나요? 그녀는 비행기로 도착합니다.
12. 그녀는 어떻게 도착하나요? 그녀는 배편으로 도착합니다.
13. 그는 어떻게 오나요? 그는 고속도로로 옵니다.
14. 그는 어떻게 여행을 하나요? 그는 차로 여행을 합니다.
15. 그녀는 어떻게 여행을 하나요? 그녀는 배로 여행을 합니다.
16. 그 노인은 어떻게 가나요? 그 노인은 비행기로 갑니다.
17. 그 노인은 무엇을 타고 가나요? 그 노인은 12시 30분 비행기를 타고 갑니다.
18. 당신은 언제 근무를 하나요? 저는 주간에 근무를 합니다.
19. 당신은 언제 근무를 하나요? 저는 야간에 근무를 합니다.
20. 당신은 몇 분 차이로 기차를 놓쳤나요? 저는 기차를 5분 차이로 놓쳤습니다.
21. 당신은 차의 속도를 얼마나 줄이나요? 저는 자동차 속도를 반으로 줄입니다.
22. 당신은 이 책을 언제 돌려주나요? 저는 5시까지 이 책을 돌려줍니다.
23. 그는 당신보다 얼마나 키가 작아요? 그는 나보다 5㎝ 작습니다.

24. 당신은 아버지보다 키가 얼마나 더 크나요? 저는 아버지보다 1피트 더 큽니다.
25. 그는 얼마 차이로 이기나요? 그는 근소한 차로 이깁니다.
26. 당신은 그녀를 어떻게 알아보나요? 저는 그녀의 목소리로 그녀임을 알아봅니다.
27. 개미 한 마리가 어떻게 매달려 있나요? 개미 한 마리가 실에 매달려 있습니다.
28. 당신은 어떻게 매달려 있나요? 저는 두 손으로 매달려 있습니다.
29. 그의 직업은 무엇인가요? 그의 직업은 농부입니다.
30. 당신은 영어 단어를 어떻게 익히나요? 저는 영어 단어를 암기합니다.
31. 당신은 그녀를 어떻게 만나나요? 저는 그녀를 우연히 만납니다.
32. 당신은 돈을 어떻게 버나요? 저는 영어를 가르쳐서 돈을 법니다.
33. 당신은 돈을 어떻게 버나요? 저는 그림을 그려서 돈을 법니다.
34. 당신은 그녀를 어떻게 안내하나요? 저는 손을 잡고 그녀를 안내합니다.
35. 당신은 그녀를 어디로 데리고 가나요? 저는 손을 잡고 그녀를 병원까지 데리고 갑니다.
36. 당신은 어떻게 글을 쓰나요? 저는 펜을 가지고 발로 글을 씁니다.
37. 그녀는 당신을 어떻게 잡아끄나요? 그녀는 내 다리를 잡고서 나를 잡아끕니다.
38. 그녀는 당신을 어떻게 잡나요? 그녀는 내 목을 잡습니다.
39. 무엇이 나무에 부딪히나요? 그 나무가 자동차에 부딪힙니다.
40. 그 보트가 물속으로 어떻게 끌려들어 가나요? 배의 후미가 물속으로 끌려들어 갑니다.
41. 그 사람은 어떻게 죽었죠? 그 사람은 화살에 의해서 죽었습니다.
42. 그들은 방에 어떤 상태로 들어가죠? 그들은 한 사람씩 방에 들어갑니다.
43. 그들은 방에 어떤 상태로 들어가죠? 그들은 두 사람씩 방에 들어갑니다.
44. 우리는 어떻게 서죠? 우리는 옆으로 나란히 섭니다.
45. 그들은 어떻게 앉죠? 우리는 둘, 셋 짝을 지어서 앉습니다.
46. 눈이 어떻게 내리죠? 눈이 펄펄 내립니다.
47. 당신은 무엇을 나누나요? 저는 8을 2로 나눕니다.
48. 당신은 무엇을 곱하나요? 저는 3에다가 4를 곱합니다.

49. 당신은 연필들을 어떻게 놓나요? 저는 연필들을 길이 순으로 놓습니다.
50. 당신은 사과들을 어떻게 놓나요? 저는 사과를 크기순으로 놓습니다.
51. 당신은 어떻게 급료를 받나요? 저는 주 단위로 급료(주급)를 받습니다.
52. 당신은 어떻게 급료를 받나요? 저는 월 단위로 급료(월급)를 받습니다.
53. 당신은 어떻게 급료를 받나요? 저는 이틀에 한 번씩 급료를 받습니다.
54. 당신은 얼마나 많은 새들을 쏘나요? 저는 수백 마리의 새를 쏩니다.
55. 달걀은 어떻게 팔리죠? 달걀은 3개씩 팔립니다.
56. 달걀은 어떻게 팔리죠? 달걀은 12개씩 팔립니다.
57. 당신은 어디에 잠깐 들러요? 저는 은행에 잠깐 들릅니다.
58. 당신은 어디에 잠깐 들러요? 저는 도서관에 잠깐 들릅니다.
59. 약국이 어디에 있나요? 약국은 가까이에 있습니다.
60. 당신의 집이 어디에 있나요? 우리 집은 가까이에 있습니다.
61. 당신은 아이를 어디에 두고 있나요? 저는 아들을 가까이에 두고 있습니다.
62. 나무는 어디에 있어요? 대문 옆에 나무 한 그루가 있습니다.
63. 그녀는 어디에 앉나요? 그녀는 불 옆에 앉습니다.
64. 그 배는 어디를 항해하고 있나요? 그 배는 빙산 옆을 항해하고 있습니다.
65. 당신은 어디를 여행 하나요? 저는 일본을 경유해서 여행합니다.
66. 그 도둑은 어디로 들어오나요? 그 도둑은 뒷문으로 들어옵니다.
67. 그는 어떻게 죽나요? 그는 독 때문에 죽습니다.
68. 창문이 어떻게 깨졌죠? 그 창문은 돌멩이로 인해 깨졌습니다.
69. 당신은 어떻게 책을 읽나요? 저는 등잔 불빛으로 책을 읽습니다.
70. 당신은 무엇에 의해서 망치를 잡나요? 저는 망치의 손잡이를 잡습니다.
71. 당신의 시계로는 몇 시인가요? 내 시계로는 2시 30분입니다.
72. 그 섬은 무엇이 둘러싸고 있나요? 그 섬은 바다로 둘러싸여 있습니다.
73. 당신은 물건을 어떻게 파나요? 저는 경매로 물건을 팝니다.

74. 당신은 시험을 어떻게 통과했나요? 저는 열심히 공부해서 그 시험을 통과했습니다.

75. 그 빌딩은 어떻게 파괴되었나요? 그 빌딩은 불이 나서 파괴되었습니다.

76. 그 책은 누가 썼나요? 이 책은 제가 썼습니다.

77. 그녀는 당신보다 몇 살 위죠? 그녀는 나보다 10살 위입니다.

6. over

1. 당신은 생선을 어디에서 굽나요?	저는 불 위에서 생선을 굽습니다.
2. 다리가 어디에 있나요?	강 위에는 다리가 하나 있습니다.
3. 가지는 어디에 있나요?	내 머리 위에 나뭇가지 하나가 있습니다.
4. 나무가 어디에 드리워져 있나요?	그 나무는 물 위에 드리워져(돌출해) 있습니다.
5. 발코니가 어디로 튀어나와 있나요?	발코니가 도로 위로 튀어나와 있습니다.
6. 당신은 우산을 어디로 드나요?	저는 우산을 그녀 위로 듭니다.
7. 물은 어디에 있나요?	물이 그녀의 무릎 위에 있습니다.
8. 거기에는 어떤 사람이 있나요?	모자를 그의 눈 위까지 내려쓴 사람이 거기에 있습니다.
9. 그녀가 프라이팬으로 당신의 어디를 치나요?	그녀는 프라이팬으로 내 머리를 칩니다.
10. 전등이 어디에 매달려 있나요?	탁자 위에는 전등 하나가 매달려 있습니다.
11. 당신은 무엇 위에 걸려 넘어지나요?	저는 돌에 걸려 넘어집니다.
12. 담요가 어디에 있나요?	침대 위에 담요가 있습니다.
13. 당신은 담요를 누구에게 덮어주나요?	저는 잠자는 아이에게 담요를 덮어 줍니다.
14. 그녀는 그녀의 손을 어디에 두나요?	그녀는 두 손을 그녀의 입에 대고 가립니다.
15. 그녀는 그녀의 손을 어디에 두나요?	그녀는 두 손을 귀에 대고 막습니다.
16. 당신은 그에게 어떤 상태로 말을 하나요?	저는 어깨너머로 그에게 말을 합니다.
17. 당신은 어떻게 그를 보나요?	저는 어깨너머로 그를 봅니다.
18. 그녀는 무엇을 훑어보고 있나요?	그녀는 지도를 훑어보고 있습니다.
19. 그 말은 무엇을 뛰어넘나요?	그 말은 울타리를 뛰어넘습니다.
20. 그 차는 무엇 위에서 기울어 떨어지나요?	그 차는 벼랑 위에서 기울어 떨어집니다.
21. 바위는 어디에서 떨어지나요?	바위가 벼랑 위에서 떨어집니다.
22. 그는 얼마나 많은 사람들의 왕인가요?	그는 300명의 사람을 거느린 왕입니다.

23. 그녀에게 무엇이 밀려오나요? 그녀에게 졸음이 밀려옵니다.
24. 그는 얼마나 젖었나요? 그는 온몸이 젖었습니다.
25. 당신은 어디에 종이를 흩뿌리나요? 저는 바닥 위에 종이를 흩뿌립니다.
26. 그는 어디를 여행하나요? 그는 전 세계를 여행합니다.
27. 당신은 어디를 전체적으로 페인트칠하나요? 저는 벽 전체를 페인트로 칠합니다.
28. 당신은 무엇을 세나요? 저는 동전을 모두 다 셉니다.
29. 그녀는 무엇을 전부 다 읽나요? 저는 그 신문을 전부 다 읽습니다.
30. 그 호수는 어떤 상태인가요? 그 호수는 전체가 완전히 얼어 있습니다.
31. 당신은 무엇을 솔질하나요? 저는 코트 전체를 다 솔질합니다.
32. 어디에 눈이 오고 있나요? 눈이 나라 전체에 내리고 있습니다.
33. 당신은 어디 위를 달려가나요? 저는 잔디밭 위를 달려갑니다.
34. 당신은 계속 직진해서 가나요? 저는 멈추어서 길을 건넙니다.
35. 은행은 어디에 있나요? 길 건너편에 은행이 하나 있습니다.
36. 집은 어디에 있나요? 강 건너에는 집이 한 채 있습니다.
37. 당신은 유리잔을 어디로 건네나요? 저는 탁자 너머로 유리잔을 건넵니다.
38. 당신은 어디로 가나요? 저는 캐나다로 건너갑니다.
39. 당신은 무엇을 하나요? 저는 건너가서 그녀의 이름을 물어봅니다.
40. 당신은 언제 여행을 하나요? 저는 휴일 동안 쭉 여행을 합니다.
41. 그는 매일 아침에 몇 마일이나 달리나요? 그는 매일 아침에 2마일 이상을 달립니다.
42. 당신들은 무엇에 관해서 이야기하나요? 우리는 공기 오염에 대해 이야기합니다.
43. 그녀는 무엇 때문에 울고 있나요? 그녀는 엎질러진 우유 때문에 울고 있습니다.
44. 그는 무엇 때문에 땀 흘리고 있나요? 그는 그 보고서를 땀 흘리며 열심히 하고 있습니다.
45. 그녀는 무엇을 하면서 졸고 있나요? 그녀는 일을 하면서 졸고 있습니다.
46. 당신들은 무엇을 하면서 잡담을 하고 있나요? 우리는 담배를 피우면서 잡담을 합니다.
47. 당신은 무엇을 하면서 그것을 논의하나요? 우리는 점심 식사를 하면서 그것을 논의합니다.

48. 당신은 무엇을 하면서 이야기하나요?	우리는 커피를 마시면서 이야기합니다.
49. 그녀는 어떤 방식으로 그 사고에 대해서 당신에게 말하나요?	그녀는 전화로 나에게 그 사고에 대해서 말합니다.
50. 당신은 어디서 그 소식을 듣나요?	저는 그 소식을 라디오에서 듣습니다.
51. 풍선이 어디에 있나요?	그 풍선은 내 머리 위에 있습니다.
52. 처마가 어디에 돌출해 있나요?	처마가 건물 위로 돌출해 있습니다.
53. 당신의 차는 어디에 있나요?	내 차는 저쪽에 있습니다.
54. 당신은 그 상자를 어디에 내려놓나요?	저는 그 상자를 저쪽에 내려다 놓습니다.
55. 내가 그 책을 어디에 건네줘야 하지?	그 책을 여기 나에게 건네주십시오.
56. 그녀는 어디에 살아요?	그녀는 저쪽 빌딩 옆에 삽니다.
57. 당신은 그에게 무엇을 요청하나요?	저는 그에게 오라고 요청합니다.
58. 제가 어디로 갈까요?	이리로 오십시오.
59. 그녀는 어디쯤 오나요?	그녀는 가까이 다가옵니다.
60. 다른 사람이 당신의 집을 방문했으면 할 때 뭐라고 말하나요?	한번 집에 오시지 않으실래요(놀러 오실래요)?
61. 당신은 어떤 상태로 몸을 구부리나요?	저는 끝까지 몸을 구부립니다.
62. 강도는 뭐라고 말하나요?	돈을 이리 내놔!
63. 뭐가 넘어지나요?	나무가 넘어집니다.
64. 바람이 불어서 무엇을 쓰러뜨리나요?	바람이 불어서 그 나무를 쓰러뜨립니다.
65. 당신은 무엇을 거꾸로 드나요?	저는 연필을 거꾸로 듭니다.
66. 당신은 어디에서 몸을 뒤척이나요?	저는 잠자리에서 몸을 뒤척입니다.
67. 당신은 무엇을 바꾸나요?	저는 타이어를 새것으로 바꿉니다.
68. 그녀는 누구를 때려서 넘어뜨리나요?	그녀는 도둑을 때려서 넘어뜨립니다.
69. 그녀는 무엇을 넘기나요?	그녀는 페이지를 넘겨요.
70. 그녀는 누구를 밀어서 넘어뜨리나요?	그녀는 나를 밀어서 넘어뜨립니다.

71. 그 차는 어떻게 구르나요?	그 차는 계속해서 구릅니다.
72. 당신은 몇 번이나 점프를 하나요?	저는 계속해서 점프합니다.
73. 몇 명의 사람이 거기에 있나요?	5명 이상의 사람이 거기에 있습니다.
74. 그는 어떻나요?	그는 지나치게 친절합니다.
75. 무슨 계절이 끝났나요?	겨울이 끝났습니다.
76. 무엇이 끝났나요?	전쟁은 끝이 났습니다.
77. 그 수업은 언제 끝나나요?	수업은 3시에 끝납니다.

7. of

1. 나무는 어디에 있어요?	그 나무는 강의 왼편에 있습니다.
2. 그녀는 무슨 선생님이시죠?	그녀는 영어 선생님이십니다.
3. 그는 어디에 있어요?	그는 산의 꼭대기에 있습니다.
4. 그는 무엇의 주인인가요?	그는 그 집의 주인입니다.
5. 어떤 집이 거기에 있어요?	거기에는 벽돌로 지은 집이 있습니다.
6. 어떤 다리가 거기에 있어요?	거기에는 나무로 만들어진 다리가 있습니다.
7. 이건 무슨 사진이죠?	이것은 저의 개 사진입니다.
8. 이건 무슨 뚜껑이죠?	이것은 그 상자의 뚜껑입니다.
9. 이건 무슨 지도죠?	이것은 서울의 지도입니다.
10. 저 윙윙거리는 소리는 뭐죠?	바람이 윙윙거립니다.
11. 거기에는 어떤 바구니가 있나요?	거기에는 과일 바구니가 있습니다.
12. 이건 뭐죠?	이것은 잔디 잎사귀입니다.
13. 거기에는 무슨 병이 있어요?	맥주 한 병이 있습니다.
14. 당신은 그녀에게 무엇을 주는 거예요?	저는 그녀에게 감자 2㎏을 줍니다.
15. 탁자 위에는 뭐가 있어요?	탁자 위에 우유 한 잔이 있습니다.
16. 거기에는 어떤 가족이 있어요?	거기에는 5명의 가족이 있습니다.
17. 우리는 언제 파티를 하나요?	우리는 7월에 파티를 합니다.
18. 당신은 어디를 가고 있어요?	저는 서울의 북쪽으로 가고 있습니다.
19. 그는 어떻게 죽었나요?	그는 암으로 죽었습니다.
20. 그 도둑은 당신에게서 무엇을 빼앗아갔나요?	그 도둑은 내 지갑을 빼앗아갔습니다.
21. 거기에 몇 명이나 있는 거죠?	거기에는 4명이 있습니다.
22. 그 문은 어떻게 열리죠?	그 문은 저절로 열립니다.
23. 당신은 어디에서 멈추나요?	저는 문까지 가지 않고 멈춥니다.

24. 당신은 몇 개를 고르나요?	저는 5개 중에서 2개를 고릅니다.
25. 그 동상은 무엇으로 만들어져 있나요?	그 동상은 금으로 만들어져 있습니다.
26. 거기에는 무슨 나무들이 있나요?	거기에는 제가 심은 나무들이 있습니다.
27. 당신은 도로에서 무엇을 하나요?	저는 도로의 눈을 치웁니다.
28. 그녀는 그를 어떻게 생각하나요?	그녀는 그를 좋게 생각합니다.
29. 사람들이 도와주면 당신은 어떻게 감사의 표시를 하죠?	저를 도와주시다니 정말로 친절하시군요.
30. 몇 시인가요?	10시 15분 전입니다.
31. 누가 모두에게 사랑을 받고 있나요?	그녀가 모두에게 사랑을 받습니다.
32. 그는 누구죠?	그는 내 친구입니다.
33. 당신은 뭐를 내다 버리죠?	저는 존의 낡은 자전거를 내다 버립니다.
34. 오늘은 며칠이죠?	오늘은 7월 4일입니다.
35. 거기에는 어떤 공이 있나요?	거기에는 실이 감겨서 만들어진 공이 있습니다.
36. 거긴 얼마의 증가가 있었나요?	거긴 3%의 증가가 있었습니다.
37. 그 돌은 어디에서 빠져나왔나요?	그 돌은 벽에서 빠져나왔습니다.
38. 그녀는 어디에서 물을 마시죠?	그녀는 샘에서 물을 마십니다.
39. 버스 정류장은 얼마나 멀죠?	그 버스 정류장은 우리 집에서 2마일 이내에 있습니다.
40. 그녀는 무엇을 무서워하나요?	그녀는 뱀을 무서워합니다.
41. 그녀는 무엇을 시샘하나요?	그녀는 그의 새 차를 시샘합니다.

8. off

1. 당신은 무엇에서 내리나요?	저는 비행기에서 내립니다.
2. 당신은 무엇에서 내리나요?	저는 말에서 내립니다.
3. 당신은 어디에서 떨어지나요?	저는 말에서 떨어집니다.
4. 그녀는 어디에서 떨어지나요?	그녀는 사다리에서 떨어집니다.
5. 벽에서 뭐가 빠지나요?	못 하나가 벽에서 빠집니다.
6. 뭐가 떨어져 나오나요?	단추 하나가 떨어져 나옵니다.
7. 당신은 그 소식을 어디에서 듣나요?	저는 그 소식을 라디오에서 듣습니다.
8. 당신은 누구에게 노트북을 사나요?	저는 친구에게 노트북을 삽니다.
9. 그녀는 탁자에서 무엇을 가지고 가나요?	그녀는 탁자에서 그릇들을 가져갑니다.
10. 당신은 무엇을 떼어 내나요?	저는 병에서 뚜껑을 떼어 냅니다.
11. 당신은 정상에서 얼마나 떨어져 있어요?	저는 정상에서 30m 떨어진 곳에 있습니다.
12. 제가 잔디밭에 들어가도 되나요?	잔디밭에 들어가지 마세요.
13. 당신은 어떤 것을 뚜껑을 연 상태로 내려놓나요?	저는 병을 뚜껑을 연 상태로 내려놓습니다.
14. 당신은 치약을 어떻게 두나요?	저는 치약을 뚜껑을 열어놓은 채로 둡니다.
15. 당신은 뭐를 잘라내죠?	저는 나뭇가지를 잘라냅니다.
16. 당신은 무엇을 면도하죠?	저는 턱수염을 면도합니다.
17. 이건 무슨 길이죠?	이것은 샛길입니다.
18. 그 차는 어디에 있나요?	그 차는 길에서 벗어나 있습니다.
19. 그 길은 갈라져서 어디로 가나요?	그 도로는 갈라져서 교회로 갑니다.
20. 그 말은 누구를 흔들어 떨어뜨리나요?	말이 그녀를 흔들어서 떨어뜨립니다.
21. 그 개는 흔들어서 무엇을 털어내나요?	개가 몸을 흔들어 물을 털어냅니다.
22. 누가 달려 나가나요?	그가 달려 나갑니다.

23. 무엇이 날아가 버리나요?	새 한 마리가 날아가 버립니다.
24. 그 비행기는 무엇을 하고 있나요?	비행기가 이륙하고 있습니다.
25. 그녀는 어디를 향해서 움직이나요?	그녀는 문쪽을 향해서 움직입니다.
26. 당신은 누구를 배웅하나요?	저는 여행가는 그녀를 배웅합니다.
27. 그들의 관계는 어떤 상태인가요?	그들의 관계는 끝났습니다.
28. 당신은 무엇을 벗나요?	저는 모자를 벗습니다.
29. 그 그림은 어떤 상태인가요?	페인트칠이 벗겨집니다.
30. 당신은 그 의자에 몇 퍼센트를 할인받나요?	저는 그 의자에 20%를 할인 받습니다.
31. 겨울은 언제죠?	겨울은 4개월 있으면 옵니다.
32. 학교는 얼마나 멀리 있어요?	학교는 3마일 떨어져 있습니다.
33. 그 빌딩은 당신의 집에서 얼마나 멀리 떨어져 있어요?	그 빌딩은 우리 집에서 3마일 떨어져 있습니다.
34. 당신은 얼마나 뒤로 물러나죠?	저는 7피트 뒤로 물러납니다.
35. 당신은 무엇의 스위치를 끄나요?	저는 전등의 스위치를 끕니다.
36. 당신은 무엇의 스위치를 켜나요?	저는 전등의 스위치를 켭니다.
37. 물은 어떤 상태인가요?	물이 끊겼습니다.
38. 당신은 무엇을 끄나요?	저는 TV를 끕니다.
39. 당신은 무엇을 끄나요?	저는 라디오를 끕니다.
40. 당신은 며칠이나 쉬나요?	저는 하루를 쉽니다. / 저는 이틀을 쉽니다.
41. 당신은 언제 쉬어요?	저는 아침에는 쉽니다.
42. 두통은 어때요?	두통이 사라졌습니다.
43. 당신은 무엇을 죽이나요?	저는 쥐를 죽입니다. / 저는 쥐를 전멸시킵니다.
44. 당신은 무엇을 청소하나요?	저는 탁자를 청소합니다. / 저는 탁자를 말끔히 청소합니다.
45. 누가 승자가 되나요?	그 권투 선수가 승자가 됩니다.

46. 당신은 무엇을 휘갈겨 단숨에 쓰나요? 그녀는 편지를 휘갈겨 단숨에 씁니다.
47. 당신은 그 선을 어떻게 표시하죠? 저는 그 선을 4개로 나누어서 표시합니다.
48. 누군가 화가 났을 때 당신은 뭐라고 말해요? 진정해!
49. 무엇이 줄어드나요? 새의 숫자가 줄어듭니다.
50. 그녀는 무엇을 하나요? 그녀는 꾸벅꾸벅 좁니다. / 그녀는 잠이 듭니다.
51. 그는 어떤 상태인가요? 그는 균형을 잃습니다.
52. 탄환이 어디로 가나요? 탄환이 표적을 빗나갑니다.
53. 그는 어떤 상태인가요? 그는 머리가 돌았습니다(제정신이 아니에요).
54. 그는 무엇을 끊나요? 그는 담배를 끊습니다.
55. 그는 무엇을 끊나요? 그는 도박을 끊습니다.
56. 그는 무엇을 끊나요? 그는 술을 끊습니다.
57. 그녀는 어디에 있어요? 그녀는 비번입니다(근무 중이 아닙니다).
58. 그 우유는 어떤 냄새가 나요? 우유는 상한 냄새가 납니다.
59. 그 생선은 어떤 냄새가 나요? 생선은 상한 냄새가 납니다.

9. behind

1. 그는 어떻게 넘어지나요? 그는 뒤로 넘어집니다.
2. 그녀는 어디를 보나요? 그녀는 뒤를 봅니다.
3. 그는 어디를 흘깃 보나요? 그는 그의 뒤쪽을 흘깃 봅니다.
4. 그는 어디에 앉아 있나요? 그는 그녀의 뒤에 앉아 있습니다.
5. 그녀는 그 책을 누구에게 건네나요? 그녀는 뒤에 있는 남자에게 책을 건넵니다.
6. 그녀는 무엇을 잡나요? 그녀는 뒤에서 그의 어깨를 잡습니다.
7. 호랑이 한 마리가 어디에서 나오나요? 호랑이 한 마리가 나무 뒤에서 나옵니다.
8. 그녀는 어디에 있나요? 그녀는 뒤에 남습니다.
9. 집 뒤에는 뭐가 있나요? 그 집 뒤에는 나무 한 그루가 있습니다.
10. 그는 그녀에게서 얼마나 떨어져 있나요? 그는 그녀의 3m 뒤에 떨어져 있습니다.
11. 그는 어디에 숨나요? 그는 문 뒤에 숨습니다.
12. 태양이 어디로 사라지나요? 태양이 구름 뒤로 사라집니다.
13. 그는 그녀가 나간 후에 무엇을 하나요? 그는 그녀가 나간 후에 문을 잠급니다.
14. 그는 어디 뒤에 있나요? 그는 운전석(뒤)에 있습니다.
15. 그 인형은 어디로 떨어지나요? 그 인형은 소파 뒤로 떨어집니다.
16. 사람들은 어디를 행진하나요? 사람들이 밴드 뒤를 따라서 행진합니다.
17. 어디에 마을이 있나요? 산 뒤에 마을 하나가 있습니다.
18. 아름다운 시내가 어디에 펼쳐져 있나요? 아름다운 시내가 산 뒤에 펼쳐져 있습니다.
19. 그녀는 어디에 있나요? 그녀는 (멀리) 뒤처져 있습니다.
20. 그는 영어에서 어떻나요? 그는 영어에서 그녀보다 뒤처집니다.
21. 그는 지위에서 어떻나요? 그는 그녀보다 지위가 낮습니다.
22. 그녀는 그 사람 뒤, 어디에 있죠? 그녀는 그 사람 뒤에서 3번째에 있습니다.
23. 그녀는 뒤에 무엇을 남기고 떠나나요? 그녀는 우산을 뒤에 남기고 떠납니다.

24. 그는 뒤에 무엇을 남기고 떠나나요?	그는 뒤로 발자국을 남기고 떠납니다.
25. 비가 언제 오나요?	바람에 뒤따라 비가 옵니다.
26. 그는 언제 오나요?	그는 예정보다 20분 늦게 도착합니다.
27. 그녀는 언제 도착하나요?	그녀는 예정보다 2시간 늦게 도착합니다.
28. 빨간 시계는 시간이 어때요?	그 빨간 시계는 10분이 느립니다.
29. 버스는 언제 도착하나요?	그 버스는 예정보다 15분 늦게 도착합니다.
30. 비행기는 언제 도착하나요?	그 비행기는 예정보다 30분 늦게 도착합니다.
31. 그는 우리의 약속에 언제 도착하나요?	그는 우리의 약속에 예정보다 늦게 도착합니다.
32. 그는 어떤 사람인가요?	그는 시대에 뒤떨어진 사람입니다.
33. 개가 그의 어디를 무나요?	개가 그의 엉덩이를 뭅니다.
34. 그녀는 어디를 엉덩방아 찧나요?	그녀는 엉덩이를 엉덩방아 찧습니다.
35. 그녀는 그의 어디를 찰싹 때리나요?	그녀는 그의 엉덩이를 찰싹 때립니다.

10. below

1. 당신은 어디를 보나요?	저는 아래를 봅니다.
2. 그녀는 무엇을 내려다보나요?	그녀는 멀리 아래에 있는 집을 내려다봅니다.
3. 정답은 어디에 있나요?	대답은 하단에 있습니다.
4. 당신은 어디에 이름을 서명하나요?	저는 하단에 있는 빈칸에 제 이름을 서명합니다.
5. 당신은 어떤 문장을 보나요?	저는 빨간 줄 아래에 있는 문장을 봅니다.
6. 당신은 이름을 어디에 적나요?	저는 줄 아래에 이름을 적습니다.
7. 그건 땅 아래로 얼마나 떨어져 있나요?	땅 아래로 2m에 있습니다.
8. 다리는 어디에 있나요?	아래에 다리가 하나 있습니다.
9. 그녀는 어떤 방에 있나요?	그녀는 아래층 방에 있습니다.
10. 당신은 무엇 속으로 뛰어 들어가나요?	저는 강 아래로 뛰어듭니다.
11. 그 그림은 천정에서 얼마나 떨어져 있나요?	그 그림은 천정에서 1m 아래에 있습니다.
12. 학급에서 당신 바로 아래에 있는 사람은 누구인가요?	그는 학급 석차에서 내 바로 아래에 있는 사람입니다.
13. 태양은 어디로 가라앉고 있는 거예요?	태양은 지평선 아래로 가라앉고 있는 중입니다.
14. 그것은 해수면 아래로 얼마나 멀리 있어요?	해수면 아래로 30피트에 있습니다.
15. 악어 한 마리가 어디에서 수영을 하고 있어요?	악어 한 마리가 수면 바로 아래에서 헤엄치고 있습니다.
16. 당신은 어디로 다이빙하나요?	저는 수면 아래로 다이빙합니다.
17. 넥타이가 어디에 매어져 있나요?	넥타이가 셔츠의 칼라 아래에 매어져 있습니다.
18. 온도가 어떤 상태인가요?	온도가 영하로 떨어지고 있습니다.
19. 영하 몇 도죠?	영하 10도입니다.
20. 온도계가 몇 도를 가리키죠?	온도계가 영하 17도를 가리킵니다.
21. 군인들이 어디를 기어가고 있는 거죠?	군인들이 철조망 아래로 기어가고 있습니다.

22. 그녀는 나이는 어떻게 되나요?

그녀는 30살 미만의 나이입니다.

23. 그 버스는 어디에서 멈추나요?

그 버스는 버스정류장에 몇 야드 못 미쳐서 멈춥니다.